D1720734

Das visuelle Einsteigerbuch für
Word 2007

Gerhard Philipp

DATA BECKER

Wichtiger Hinweis

Die in diesem Buch wiedergegebenen Verfahren und Programme werden ohne Rücksicht auf die Patentlage mitgeteilt. Sie sind für Amateur- und Lehrzwecke bestimmt.

Alle technischen Angaben und Programme in diesem Buch wurden von den Autoren mit größter Sorgfalt erarbeitet bzw. zusammengestellt und unter Einschaltung wirksamer Kontrollmaßnahmen reproduziert.

Trotzdem sind Fehler nicht ganz auszuschließen. DATA BECKER sieht sich deshalb gezwungen, darauf hinzuweisen, dass weder eine Garantie noch die juristische Verantwortung oder irgendeine Haftung für Folgen, die auf fehlerhafte Angaben zurückgehen, übernommen werden kann. Für die Mitteilung eventueller Fehler sind die Autoren jederzeit dankbar.

Wir weisen darauf hin, dass die im Buch verwendeten Soft- und Hardwarebezeichnungen und Markennamen der jeweiligen Firmen im Allgemeinen warenzeichen-, marken- oder patentrechtlichem Schutz unterliegen.

Copyright	© DATA BECKER GmbH & Co. KG Merowingerstr. 30 40223 Düsseldorf
Konzeption/Produktmanagement	Peter Meisner
Textmanagement	Jutta Brunemann
Layout	Jana Scheve
Satz	mediaService, Siegen
Umschlaggestaltung	Inhouse-Agentur DATA BECKER
Produktionsleitung	Claudia Lötschert
Druck	Media-Print, Paderborn
E-Mail	buch@databecker.de

ISBN 978-3-8158-2799-4

Texte gestalten mithilfe der Formatierungen 43

Kleine Tabellen erstellen –
das Verwenden von Tabulatoren 75

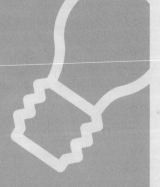

Wie bewirbt man sich heute? – So erstellen Sie eine optimale Bewerbung mit Word 213

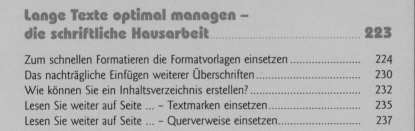

Lange Texte optimal managen – die schriftliche Hausarbeit.............................. 223

So erstellen Sie Ihre eigenen Visitenkarten 239

1

Eingabe und Eingabekorrekturen von Texten

Die Word 2007-Oberfläche im Überblick

Die Oberfläche des neuen Word 2007 sieht anders aus als die ihrer Vorgänger. So gibt es jetzt eine Multifunktionsleiste. Diese ist eingeteilt in verschiedene Registerkarten wie *Start*, *Einfügen* etc. Die Registerkarten wiederum sind eingeteilt in verschiedene Gruppen und in diesen Gruppen gibt es letztendlich dann die Befehle, die eine bestimmte Tätigkeit durchführen.

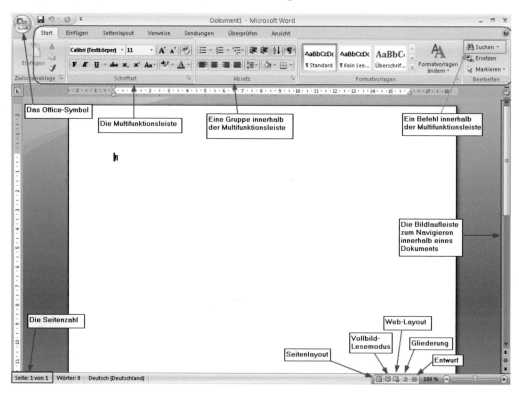

Im Office-Symbol sind Befehle zu finden wie das Öffnen, Speichern und Drucken von Dokumenten.

Hinweis

Das Office-Symbol

Im Office-Symbol sind viele Befehle enthalten, die in früheren Versionen von Word im sogenannten Datei-Menü zu finden waren. In diesem Buch wird deshalb auch öfter gesagt werden: „Öffnen Sie das Datei-Menü", was so viel heißt wie „Klicken Sie auf das Office-Symbol".

Einfache Texte eingeben und korrigieren

Hier wird erläutert, was Sie beim Eingeben von Texten beachten müssen. Es werden die Tasten (Einfg), (Entf) und (Rück) besprochen. Auch kommen hier einfache Möglichkeiten der Navigation in einem Dokument zur Sprache.

Nach dem Öffnen von Word bekommen Sie zunächst die standardmäßig eingestellte DIN-A4-Seite und den fleißig blinkenden Cursor im linken oberen Bereich präsentiert. Nun können Sie beginnen, Ihren Text zu schreiben.

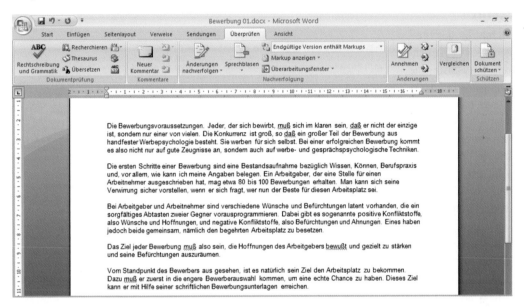

Bei der Texteingabe fällt Ihnen sicher auf, dass Word einige Wörter rot unterstreicht. Das liegt daran, dass Word, während Sie tippen, Ihren Text auf grammatische Richtigkeit überprüft. Und rot unterstrichene Worte sind Wörter, die entweder falsch geschrieben wurden oder im Word-Wörterbuch nicht zu finden sind. Das sollte Sie im Moment nicht stören, denn wir werden uns erst später mit der Rechtschreibprüfung befassen.

Hinweis

Was Sie bei der Texteingabe beachten sollten

Schreiben Sie Ihren Text ohne Rücksicht auf Seitenränder. Wenn ein Wort nicht mehr in die Zeile passt, wird Word es automatisch in die folgende Zeile schreiben.

Beenden Sie einen Satz nur dann mit der (Enter)-Taste, wenn Sie einen Absatz haben möchten.

Hinweis

Schreibfehler

In der Abbildung sehen Sie übrigens sofort, dass sich Word 2007 an die Regeln der neuen deutschen Rechtschreibung hält. Dazu später mehr.

Schreibfehler einfach korrigieren

Beim Eingeben von Text wird es passieren, dass Sie sich verschreiben. Es gibt zwei Möglichkeiten, solche Tippfehler zu korrigieren.

Die erste Möglichkeit zur Textkorrektur – die [Rück]-Taste

Schritt 1

Setzen Sie durch einen Klick mit der linken Maustaste die Einfügemarke direkt hinter das besagte Wort, bei dem Sie sich verschrieben haben. In unserem Fall wäre das das Wort *muß*, das hier noch in der alten Rechtschreibung geschrieben wurde.

> Die Bewerbungsvoraussetzungen. Jeder, der sich bewirbt, muß sich im klaren sein, daß er nicht der einzige ist, sondern nur einer von vielen. Die Konkurrenz ist groß, so daß ein großer Teil der Bewerbung aus handfester Werbepsychologie besteht. Sie werben für sich selbst. Bei einer erfolgreichen Bewerbung kommt es also nicht nur auf gute Zeugnisse an, sondern auch auf werbe- und gesprächspsychologische Techniken.
>
> Die ersten Schritte einer Bewerbung sind eine Bestandsaufnahme bezüglich Wissen, Können, Berufspraxis und, vor allem, wie kann ich meine Angaben belegen. Ein Arbeitgeber, der eine Stelle für einen Arbeitnehmer ausgeschrieben hat, mag etwa 80 bis 100 Bewerbungen erhalten. Man kann sich seine Verwirrung sicher vorstellen, wenn er sich fragt, wer nun der Beste für diesen Arbeitsplatz sei.
>
> Bei Arbeitgeber und Arbeitnehmer sind verschiedene Wünsche und Befürchtungen latent vorhanden, die ein sorgfältiges Abtasten zweier Gegner vorausprogrammieren. Dabei gibt es sogenannte positive Konfliktstoffe, also Wünsche und Hoffnungen, und negative Konfliktstoffe, also Befürchtungen und Ahnungen. Eines haben jedoch beide gemeinsam, nämlich den begehrten Arbeitsplatz zu besetzen.
>
> Das Ziel jeder Bewerbung muß also sein, die Hoffnungen des Arbeitgebers bewußt und gezielt zu stärken und seine Befürchtungen auszuräumen.
>
> Vom Standpunkt des Bewerbers aus gesehen, ist es natürlich sein Ziel den Arbeitsplatz zu bekommen. Dazu muß er zuerst in die engere Bewerberauswahl kommen, um eine echte Chance zu haben. Dieses Ziel kann er mit Hilfe seiner schriftlichen Bewerbungsunterlagen erreichen.

Sie haben natürlich auch die Möglichkeit, diese Stelle „zu Fuß" zu erreichen und den blinkenden Cursor mithilfe der Pfeiltasten auf Ihrer Tastatur zu bewegen.

Schritt 2

Drücken Sie die [Rück]-Taste auf Ihrer Tastatur (direkt über der [Enter]-Taste). Wiederholen Sie dies gegebenenfalls so oft, bis alle falschen Buchstaben entfernt sind. Jedes Drücken der [Rück]-Taste löscht ein Zeichen **links** von der Einfügemarke. In unserem Beispiel ist ja nur das ß falsch geschrieben.

Tipp

Korrekturen sofort oder später?

Das können Sie halten, wie Sie möchten. Wenn Sie zunächst einen langen Text eingeben müssen, können Sie Ihre Schreibfehler zuerst einmal wirklich ignorieren. Und wenn Sie gar mit 10 Fingern schnell schreiben, wird Ihr Blick wahrscheinlich gar nicht auf den Bildschirm gerichtet sein. Das heißt aber, Sie können Tippfehler jederzeit korrigieren.

Die zweite Möglichkeit zur Textkorrektur – die Entf -Taste

Mit dieser Taste lässt sich das Problem im Gegensatz zur Rück -Taste „von vorn" angehen.

Klicken Sie diesmal hinter das *u* von *muß*. Drücken Sie die Entf -Taste. Jedes Drücken der Entf -Taste löscht ein Zeichen **rechts** von der augenblicklichen Position der Einfügemarke.

> Die Bewerbungsvoraussetzungen. Jeder, der sich bewirbt, muß sich im klaren sein, daß er nicht der einzige ist, sondern nur einer von vielen. Die Konkurrenz ist groß, so daß ein großer Teil der Bewerbung aus handfester Werbepsychologie besteht. Sie werben für sich selbst. Bei einer erfolgreichen Bewerbung kommt es also nicht nur auf gute Zeugnisse an, sondern auch auf werbe- und gesprächspsychologische Techniken.
>
> Die ersten Schritte einer Bewerbung sind eine Bestandsaufnahme bezüglich Wissen, Können, Berufspraxis und, vor allem, wie kann ich meine Angaben belegen. Ein Arbeitgeber, der eine Stelle für einen Arbeitnehmer ausgeschrieben hat, mag etwa 80 bis 100 Bewerbungen erhalten. Man kann sich seine Verwirrung sicher vorstellen, wenn er sich fragt, wer nun der Beste für diesen Arbeitsplatz sei.
>
> Bei Arbeitgeber und Arbeitnehmer sind verschiedene Wünsche und Befürchtungen latent vorhanden, die ein sorgfältiges Abtasten zweier Gegner vorausprogrammieren. Dabei gibt es sogenannte positive Konfliktstoffe, also Wünsche und Hoffnungen, und negative Konfliktstoffe, also Befürchtungen und Ahnungen. Eines haben jedoch beide gemeinsam, nämlich den begehrten Arbeitsplatz zu besetzen.
>
> Das Ziel jeder Bewerbung muß also sein, die Hoffnungen des Arbeitgebers bewußt und gezielt zu stärken und seine Befürchtungen auszuräumen.
>
> Vom Standpunkt des Bewerbers aus gesehen, ist es natürlich sein Ziel den Arbeitsplatz zu bekommen. Dazu muß er zuerst in die engere Bewerberauswahl kommen, um eine echte Chance zu haben. Dieses Ziel kann er mit Hilfe seiner schriftlichen Bewerbungsunterlagen erreichen.

Auf die Position der Einfügemarke kommt es an

> Die Bewerbungsvoraussetzungen. Jeder, der sich bewirbt, muß sich im klaren sein, dass er nicht der einzige ist, sondern nur einer von vielen. Die Konkurrenz ist groß, so dass ein großer Teil der Bewerbung aus handfester Werbepsychologie besteht. Sie werben für sich selbst. Bei ein
>
> **Position der Einfügemarke**
>
> ung kommt es also nicht nur auf gute Zeugnisse an, sondern auch auf werbe- und ge Techniken.
>
> Die ersten Schritte einer Bewerbung sind eine Bestandsaufnahme bezüglich Wissen, Können, Berufspraxis und, vor allem, wie kann ich meine Angaben belegen. Ein Arbeitgeber, der eine Stelle für einen Arbeitnehmer ausgeschrieben hat, mag etwa 80 bis 100 Bewerbungen erhalten. Man kann sich seine Verwirrung sicher vorstellen, wenn er sich fragt, wer nun der Beste für diesen Arbeitsplatz sei.
>
> Bei Arbeitgeber und Arbeitnehmer sind verschiedene Wünsche und Befürchtungen latent vorhanden, die ein sorgfältiges Abtasten zweier Gegner vorausprogrammieren. Dabei gibt es sogenannte positive Konfliktstoffe, also Wünsche und Hoffnu **Position der Maus** toffe, also Befürchtungen und Ahnungen. Eines haben jedoch beide gemeinsam, itsplatz zu besetzen.
>
> Das Ziel jeder Bewerbung muss also sein, die Hoffnungen des Arbeitgebers bewusst und gezielt zu stärken und seine Befürchtungen auszuräumen.
>
> Vom Standpunkt des Bewerbers aus gesehen, ist es natürlich sein Ziel den Arbeitsplatz zu bekommen. Dazu muss er zuerst in die engere Bewerberauswahl kommen, um eine echte Chance zu haben. Dieses Ziel kann er mit Hilfe seiner schriftlichen Bewerbungsunterlagen erreichen.

Merke

Welche Taste löscht was?

Die Entf -Taste löscht ein Zeichen rechts von der Einfügemarke, die Rück -Taste löscht ein Zeichen links davon. Denken Sie auch immer daran zu klicken, ein einfaches Schieben der Maus setzt die Einfügemarke nicht an die richtige Position.

In der Abbildung steht die Einfügemarke hinter dem Wort *muß*, die Maus aber zwischen dem zweiten und dritten Absatz. In diesem Fall würde die ⌷Rück⌷-Taste das ß bei *muß* löschen. Die ⌷Entf⌷-Taste würde das Leerzeichen zwischen *muß* und dem nachfolgenden Wort löschen.

Texte nachträglich einfügen

Schritt 1

Die Bewerbungsvoraussetzungen. Jeder, der sich bewirbt, muß sich im klaren sein, dass er nicht der einzige ist, sondern nur einer von vielen. Die Konkurrenz ist groß, so dass ein großer Teil der Bewerbung aus handfester Werbepsychologie besteht. Sie werben für sich selbst. Bei einer erfolgreichen Bewerbung kommt es also nicht nur auf gute Zeugnisse an, sondern auch auf werbe- und gesprächspsychologische Techniken.

Hier soll neuer Text eingefügt werden

Die ersten Schritte einer Bewerbung sind e... ...Wissen, Können, Berufspraxis und, vor allem, wie kann ich meine Angab... ...e Stelle für einen Arbeitnehmer ausgeschrieben hat, mag etwa 80 bis 100 Bewerbungen erhalten. Man kann sich seine Verwirrung sicher vorstellen, wenn er sich fragt, wer nun der Beste für diesen Arbeitsplatz sei.

Bei Arbeitgeber und Arbeitnehmer sind verschiedene Wünsche und Befürchtungen latent vorhanden, die ein sorgfältiges Abtasten zweier Gegner vorausprogrammieren. Dabei gibt es sogenannte positive Konfliktstoffe, also Wünsche und Hoffnungen, und negative Konfliktstoffe, also Befürchtungen und Ahnungen. Eines haben jedoch beide gemeinsam, nämlich den begehrten Arbeitsplatz zu besetzen.

Das Ziel jeder Bewerbung muss also sein, die Hoffnungen des Arbeitgebers bewusst und gezielt zu stärken und seine Befürchtungen auszuräumen.

Vom Standpunkt des Bewerbers aus gesehen, ist es natürlich sein Ziel den Arbeitsplatz zu bekommen. Dazu muss er zuerst in die engere Bewerberauswahl kommen, um eine echte Chance zu haben. Dieses Ziel kann er mit Hilfe seiner schriftlichen Bewerbungsunterlagen erreichen.

Klicken Sie dorthin, wo Sie den neuen Text einfügen möchten.

Schritt 2

Schreiben Sie Ihren Text

Achtung

Text wird nicht eingefügt

Sollte bei Ihnen der neue Text nicht eingefügt werden, sondern alter Text überschrieben worden sein, ist bei Ihnen wahrscheinlich der Überschreibmodus eingeschaltet. Das geht bei Word 2007 zwar nicht ganz so einfach und schnell wie bei den Vorgängerversionen, aber es ist doch möglich.

Überschreibmodus ein- und ausschalten

In der Regel sollten Sie den Überschreibmodus immer ausgeschaltet lassen. Wie Sie ihn ausschalten, sehen Sie hier.

Schritt 1

Klicken Sie auf das Office-Symbol.

Schritt 2

Wählen Sie nun im Fenster unten die *Word-Optionen*.

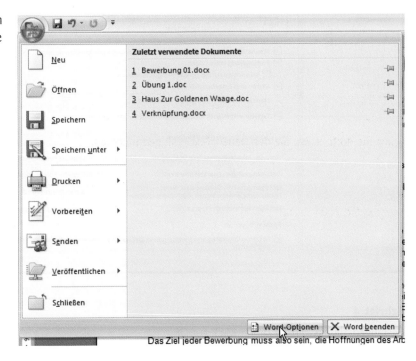

Hinweis

Die Word-Optionen

In den Word-Optionen können Sie grundlegende Einstellungen Ihres Word-Programms durchführen, Einstellungen, die dann für alle Dokumente gelten. Wir kümmern uns etwas später ausführlicher um dieses Menü.

Schritt 3

In der Kategorie *Erweitert* können Sie im Bereich *Bearbeitungsoptionen* ein Häkchen bei *EINFG-Taste zum Steuern des Überschreibmodus verwenden* setzen.

Damit können Sie nun durch Drücken der [Einfg]-Taste den Überschreibmodus ein- und ausschalten, wie Sie möchten.

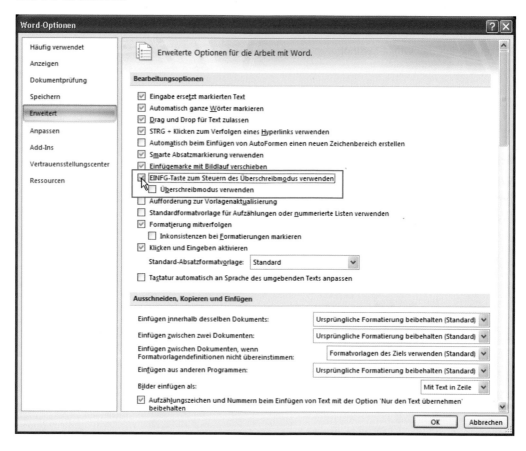

Schritt 4

Bestätigen Sie das Fenster durch Klick auf *OK*.

Tipp

Überschreibmodus: ja oder nein?

Ob Sie den Überschreibmodus mit der [Einfg]-Taste regeln wollen oder nicht, bleibt Ihnen überlassen. Sie können auch das Häkchen ganz weglassen, dann sind Sie immer im Einfügemodus und Word wird immer neuen Text einfügen und nicht alten überschreiben.

Den ersten Brief per Vorlage erstellen

Word 2007 bietet die Möglichkeit, auf einfachstem Wege einen geschäftlichen Brief mithilfe von Vorlagen zu verfassen. Microsoft bietet in diesem Bereich sehr viele, teilweise recht gut gemachte Vorlagen. Einige sind schon bei der installierten Word-Version dabei, aber der weitaus größere und bessere Teil findet sich bei Microsoft online.

Diese Vorlagen müssen Sie downloaden und dabei prüft Microsoft, ob Sie eine lizensierte Version von Word 2007 haben. Wir werden uns etwas später anschauen, wie Sie sich solche Vorlagen von der Microsoft-Webseite holen können.

Schritt I

Öffnen Sie das Datei-Menü und wählen Sie den Eintrag *Neu*. In dem sich öffnenden Fenster wählen Sie aus der Liste der Vorlagenkategorien *Installierte Vorlagen* und anschließend aus der Liste der installierten Vorlagen den Eintrag *Okeanos-Brief*.

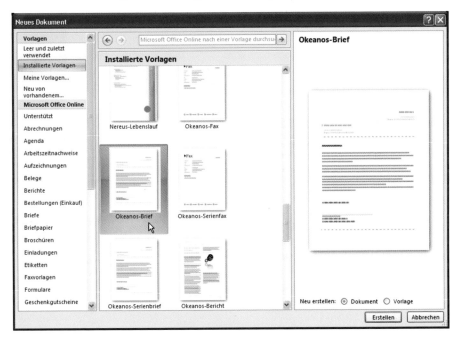

Hinweis

Eine Bemerkung zum Downloaden

Sich im Internet etwas zu holen und auf seinem Computer abzuspeichern, ist natürlich mit einem gewissen Risiko verbunden. Besonders wenn Sie es von einer Seite laden, deren Betreiber Sie nicht kennen. Aber diese Gefahr dürfte beim Download von der offiziellen Microsoft-Webseite eher gering sein.

Tipp

Die Briefvorlagen von Microsoft

Die Briefvorlagen, die Ihnen Microsoft zur Verfügung stellt, sehen schon ganz professionell aus. Und, vor allen Dingen, Sie können sie trotzdem noch verändern, müssen also nicht das Microsoft-Design blind übernehmen.

Schritt 2

Nun hat Word 2007 Ihnen eine Briefvorlage auf den Bildschirm gelegt. In dieser Vorlage sind sogenannte Platzhalter zu finden. Die Platzhalter dienen dazu, Ihnen die Eingabe bestimmter Textelemente zu vereinfachen.

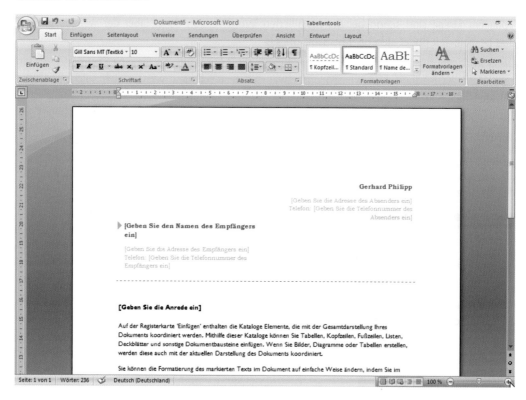

Schritt 3

Sie sehen oben rechts im Brief, dass hier der Name des Benutzers schon automatisch eingetragen ist.

Gerhard Philipp

[Geben Sie die Adresse des Absenders ein]
Telefon: [Geben Sie die Telefonnummer des
Absenders ein]

Tipp

Spielen Sie auch ein wenig mit den anderen Vorlagen

Wir sind gerade dabei, mithilfe von Vorlagen einen Brief zu schreiben. Aber Sie haben sicher schon gesehen, dass Word 2007 noch weitere Vorlagen für Sie parat hält. Diese Vorlagen funktionieren nach dem gleichen Prinzip, wie wir es in diesem Kapitel besprechen. Spielen Sie also etwas damit, einfach um zu sehen, ob und wie Sie diese anderen Vorlagen gebrauchen können.

Schritt 4

Geben Sie nun die Adresse des Absenders und des Empfängers ein, indem Sie einfach in den entsprechenden Bereich klicken.

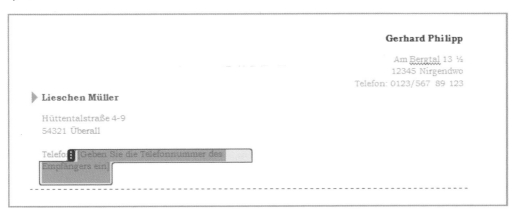

Bei der Empfängeranschrift ist die Angabe einer Telefonnummer bei uns nicht üblich. Inzwischen wissen Sie sicher auch, wie Sie so etwas löschen können. Klicken Sie in den Telefon-Bereich und drücken Sie mehrfach die Rück-Taste.

Schritt 5

Als Nächstes geben Sie nun die entsprechende Anrede ein.

```
                                                    Gerhard Philipp
                                                 Am Bergtal 13 ½
                                                 12345 Nirgendwo
                                          Telefon: 0123/567 89 123


   ▶ Lieschen Müller

     Hüttentalstraße 4-9
     54321 Überall


     - - - - - - - - - - - - - - - - - - - - - - - - - - - - - - - - - - - - - - -


     Sehr geehrte Frau Müller,
```

Hinweis

Die Einträge in den Feldern sind zu hell

Keine Bange, auch wenn die Einträge, die Sie in solchen Vorlagen machen, heller sind als Ihre selbst geschriebenen Texte. Beim Ausdrucken wird alles gleich schwarz, da merken Sie dann keinen Unterschied.

Wie Sie sehen, schreibt Word die Anrede auch gleich in Fettdruck.

Schritt 6

Nun folgt der eigentliche Brief.

Zum Schluss tragen Sie noch Ihre Grußformel ein und löschen die Bereiche, die Sie nicht ausfüllen möchten.

Sehr geehrte Frau Müller,

Geben Sie den Text des Schreibens ein

Auf der Registerkarte 'Einfügen' enthalten die Kataloge Elemente, die mit der Gesamtdarstellung Ihres Dokuments koordiniert werden. Mithilfe dieser Kataloge können Sie Tabellen, Kopfzeilen, Fußzeilen, Listen, Deckblätter und sonstige Dokumentbausteine einfügen. Wenn Sie Bilder, Diagramme oder Tabellen erstellen, werden diese auch mit der aktuellen Darstellung des Dokuments koordiniert.

Sie können die Formatierung des markierten Texts im Dokument auf einfache Weise ändern, indem Sie im Katalog 'Schnellformatvorlagen' auf der Registerkarte 'Start' ein Format auswählen. Text können Sie auch direkt mithilfe der anderen Steuerelemente auf der Registerkarte 'Start' formatieren. Die meisten Steuerelemente stellen die Verwendung des Formats des aktuellen Designs oder die Verwendung eines direkt angegebenen Formats zur Auswahl.

Um die allgemeine Darstellung des Dokuments zu ändern, wählen Sie auf der Registerkarte 'Seitenlayout' neue Designelemente aus. Verwenden Sie den Befehl zum Ändern des aktuellen Schnellformatvorlagen-Satzes, um die verfügbaren Formate im Katalog 'Schnellformatvorlagen' zu ändern. Die Kataloge 'Designs' und 'Schnellformatvorlagen' stellen Befehle zum Zurücksetzen bereit, damit Sie immer die ursprüngliche Darstellung des Dokuments in der aktuellen Vorlage wiederherstellen können.

[Geben Sie die Grußformel ein]

Gerhard Philipp
[Geben Sie den Titel des Absenders ein]
[Geben Sie den Firmennamen des Absenders ein]
[Wählen Sie das Datum aus]

Das war's. Ihr Brief ist fertig und Sie können ihn nun, wie im nächsten Kapitel beschrieben, abspeichern.

Hinweis

Briefe schreiben

Natürlich können Sie auch Briefe ohne solche Vorlagen schreiben. Aber am Anfang, wenn man noch nicht so genau weiß, wo es „lang geht", sind Vorlagen sehr hilfreich.

2

Speichern und Öffnen von Dokumenten

Ein erstelltes Dokument speichern

Ein wichtiger Teil der Arbeit mit Word ist selbstverständlich das Speichern der erstellten Dokumente, um diese zu einem späteren Zeitpunkt wieder bearbeiten zu können.

Schauen wir uns also an, wie dies bei unserem Text aus dem Abschnitt 1.1 funktioniert. Dabei werden Sie außerdem ein neues Verzeichnis anlegen sowie einen sinnvollen Dateinamen vergeben, um das Wiederfinden der Dokumente zu erleichtern.

Schritt 1

Öffnen Sie das Datei-Menü und wählen Sie *Speichern unter*.

Wählen Sie *Word-Dokument*.

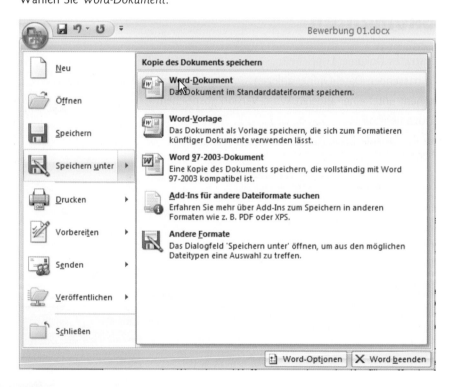

Hinweis

Wann soll man speichern?

Nur wenn Sie speichern, ist Ihre Datei auf der Festplatte abgelegt und kann am nächsten Tag wieder bearbeitet werden. Und denken Sie daran, speichern Sie Ihren Brief nicht erst, wenn Sie fertig sind, sondern schon vorher!

Schritt 2

Öffnen Sie die Auswahlliste *Speichern in*.

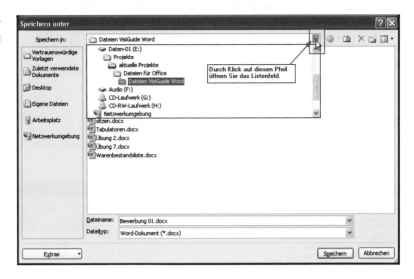

Schritt 3

Suchen Sie sich nun den Ordner auf der Festplatte, in den Sie die Datei speichern möchten.

Vergeben Sie dann bei *Dateiname* einen sinnvollen Dateinamen und klicken Sie auf *Speichern*.

Tipp

Welchen Dateinamen soll ich wählen?

Wählen Sie immer sprechende Namen, also Dateinamen, die irgendetwas mit dem Inhalt der Datei zu tun haben. Dateinamen *wie xyzuvp-123-jdnh* sehen zwar sehr geheimnisvoll aus und Sie werden damit manchen Spion zur Verzweiflung bringen. Leider werden Sie aber auch manchmal verzweifeln, wenn Sie erst die Datei öffnen müssen, um zu sehen, was darin ist.

Einen passenden Datei-Ordner anlegen

Auch sollten Sie möglichst nicht alles, was Sie so am Computer produzieren, einfach irgendwo auf der Festplatte ablegen, nach dem Motto „Hauptsache es ist gespeichert, egal wo". Legen Sie sich Ordner auf der Festplatte an.

Schritt 1

Um nun einen neuen Ordner anzulegen, gehen Sie wieder in das Datei-Menü. Wählen Sie *Speichern unter*.

Schritt 2

Den neuen Ordner benennen Sie nach Ihren Wünschen. Dabei dürfen Sie im Ordnernamen auch Leerzeichen eingeben. Zwar kann der Ordnername fast beliebig viele Zeichen enthalten, aber Sie sollten sich, der Übersichtlichkeit halber, auf höchstens 20 Zeichen beschränken.

Glossar

Was sind Ordner?

Ordner kennen Sie aus dem Büro sehr genau. Es sind die Elemente, in denen Sie Briefe, Rechnungen etc. ablegen. Solche Ordner sollten Sie auch auf der Festplatte anlegen.

Schritt 3

Durch Klick auf *OK* wird der neue Ordner erstellt und Sie befinden sich direkt in diesem.

Schritt 4

Nun können Sie dem Dokument einen sinnvollen Namen geben. Dies ist wichtig, da Word zwar einen vorschlägt (meist aus dem ersten Satz der Datei), dieser allerdings nicht sehr schlüssig ist. Da es sein kann, dass Sie in Zukunft mehrere Dokumente bearbeiten werden bzw. diese noch ein wenig überarbeiten wollen, sollten Sie den Dateien unterschiedliche Namen geben. Vielleicht fügen Sie noch das Speicherdatum hinzu.

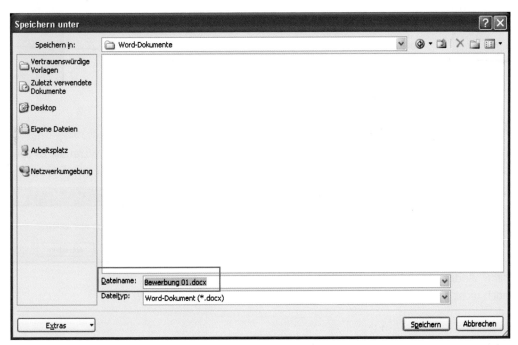

Achtung

Nicht für jedes Dokument einen neuen Ordner

Wenn es theoretisch auch machbar wäre, so sollten Sie trotzdem nicht für jede Datei, die Sie speichern wollen, einen neuen Ordner anlegen.

Schritt 5

Klicken Sie auf *Speichern*.

Nun haben Sie Ihr Dokument gesichert und gleichzeitig einen neuen Ordner erstellt. Den von Ihnen gewählten Dateinamen finden Sie nun übrigens auch in der Titelleiste wieder.

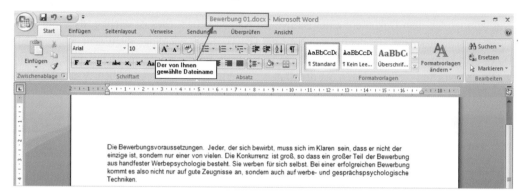

Das Schließen eines Dokuments

Durch das Speichern wird das Dokument nicht automatisch auch geschlossen. Wenn Sie es aber schließen möchten, klicken Sie auf das Office-Symbol und wählen darin *Schließen* an.

Wenn Sie *Schließen* wählen, ohne gespeichert zu haben, fragt Sie Word, ob das Dokument nicht gespeichert werden soll. Diese Frage taucht auch auf, wenn das Dokument zwar schon vorher gespeichert wurde, Sie aber dann Änderungen durchgeführt haben, die noch nicht gespeichert wurden.

Tipp

Namensvergabe für Dateien

Vergeben Sie sinnvolle Namen, sodass Sie auch nach Wochen am Namen erkennen, um welche Art von Text es sich handelt.

Dokument unter einer anderen Word-Version abspeichern

Ein wichtiger Unterschied von Word 2007 zu vorangegangenen Versionen ist die standardmäßige Dateierweiterung, mit der Ihre Dokumente abgespeichert werden.

Grob kann man sagen, dass diese Endungen Windows und den entsprechenden Programmen anzeigen, um welchen Typ von Datei es sich handelt. Im Falle von Word 2007 wäre das z. B. *datei.docx* im Gegensatz zu den alten *datei.doc*-Endungen.

Nun kann es aber sein, dass Sie Ihre Word-Datei auch in einer früheren Word-Version bearbeiten bzw. sie weiterleiten möchten an Personen, die noch kein Word 2007 besitzen. Um dies zu ermöglichen, speichern Sie mit *Speichern unter* Ihr Dokument unter einem anderen Namen und ggf. einer anderen Erweiterung ab, ohne Ihre bisherige Datei zu überschreiben.

Schritt 1

Öffnen Sie das Datei-Menü durch Klick auf das Office-Symbol. Klicken Sie auf den Punkt *Speichern unter*.

Hinweis

Sie können aber auch standardmäßig in der alten Version speichern

Haben Sie noch Kollegen oder Freunde, die noch nicht das neue Office 2007 besitzen, kann es durchaus Sinn machen, alle eigenen Dokumente unter der alten Dateiversion zu speichern. Das können Sie bei Word 2007 in den Word-Optionen einschalten.

Schritt 2

Klicken Sie bei *Dateityp* auf das Dreieck, um die Auswahlliste aufzuklappen.

Wählen Sie in der Liste den Eintrag *Word97-2003-Dokument*.

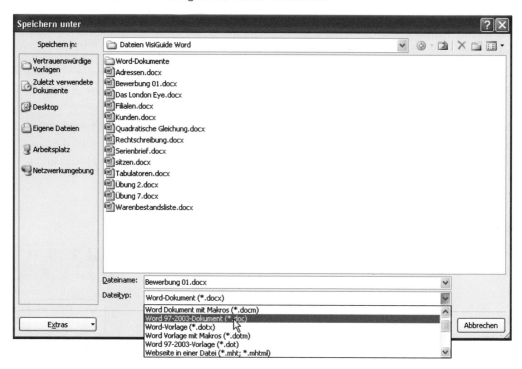

Schritt 3

Ändern Sie ggf. den Dateinamen Ihres Dokuments.

Schritt 4

Sichern Sie Ihr Dokument durch Klick auf *Speichern*. In der Titelleiste sehen Sie, dass das Dokument nun eine andere Endung und ggf. einen anderen Namen erhalten hat.

Hinweis

Speichern und Speichern unter

Die Möglichkeit, ein Dokument unter einem anderen Namen abzuspeichern, bietet sich z. B. auch an, wenn man Änderungen an seinem Dokument zwar abspeichern, die alte Datei aber nicht überschreiben möchte. Würden Sie in solch einem Fall nur *Speichern* wählen, würde Word Ihr altes Dokument überschreiben.

Ein Dokument öffnen

Jetzt, da Sie Ihr Dokument abgespeichert haben, möchten Sie dieses natürlich auch wieder öffnen.

Es gibt zwei Möglichkeiten, Ihr Dokument wieder zu öffnen. Die erste Möglichkeit ist die komfortablere und bietet sich an, wenn Ihr Dokument eines der letzten war, das mit Word bearbeitet wurde.

Schritt 1

Öffnen Sie das Datei-Menü.

Schritt 2

Wenn Ihr Dokument wie erwähnt zu den zuletzt verwendeten gehört, finden Sie es bereits gelistet im Datei-Menü auf der rechten Seite. Klicken Sie es an.

Achtung

Dateien zweimal öffnen

Sie sollten natürlich nur Dateien öffnen, die nicht schon geöffnet sind. Word wird Ihnen zwar nichts „um die Ohren" hauen, wenn Sie es doch tun, denn Word „denkt mit". Sollten Sie ein schon geöffnetes Dokument noch einmal öffnen wollen, ignoriert Word penetrant Ihren Wunsch, es ein zweites Mal zu öffnen.

Ältere Dokumente öffnen

Mit älteren Dokumenten meinen wir alle Dokumente, die in der Liste des vorigen Kapitels nicht mehr enthalten sind. Das müssen nicht unbedingt Dokumente von gestern oder letzter Woche sein. Wenn Sie an einem Tag sehr viele Dateien erstellt haben, so könnte es sein, dass dann nicht mehr alle in der Liste auftauchen.

Schritt 1

Sollte Ihr Dokument nicht in der Auswahlliste zu finden sein oder sollten Sie eine Datei öffnen wollen, die in einer früheren Word-Version abgespeichert wurde, so wählen Sie das Datei-Menü und darin den Befehl *Öffnen*.

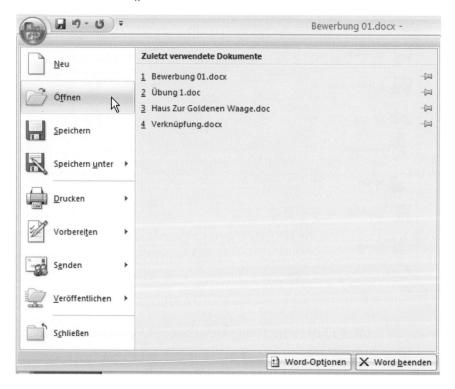

Merke

Wann ist mein Dokument alt?

Zerbrechen Sie sich nicht den Kopf über die Definition von alt. Sagen Sie sich einfach nur, über diesen Weg können Sie das Dokument auf alle Fälle öffnen.

Schritt 2

Wählen Sie in der Auswahlbox *Suchen in* das entsprechende Verzeichnis. Öffnen Sie es durch einen Doppelklick.

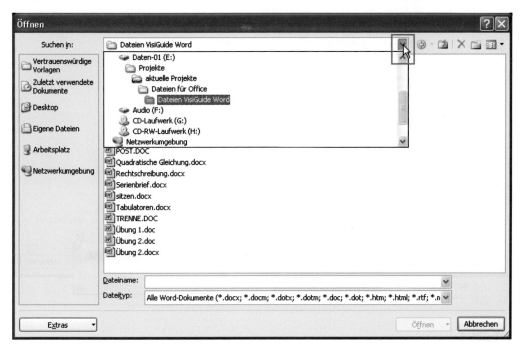

Schritt 3

In der Liste *Dateityp* können Sie einstellen, welche Art von Dateien angezeigt und ggf. geöffnet werden soll. Sie dient quasi als Filter, um überflüssige Dateien auszublenden. Standardmäßig werden *Alle Word-Dokumente* eingeblendet.

Hinweis

Wählen Sie den richtigen Dateityp

Sie bekommen immer nur die Dateien eingeblendet, die Sie auch über die *Dateityp*-Auswahlliste ausgewählt haben.

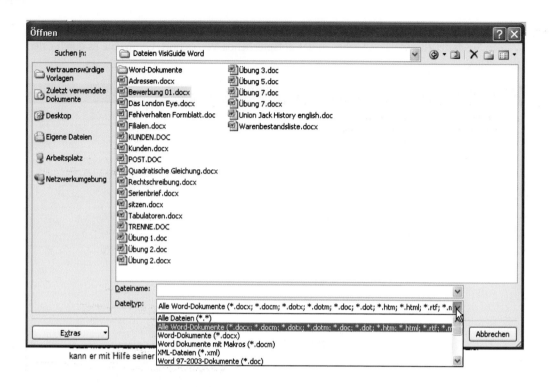

Schritt 4

Wählen Sie die Datei durch einfachen Klick aus, sodass diese markiert ist.

Schritt 5

Öffnen Sie das Dokument durch Klick auf *Öffnen*.

Alternativ können Sie in Schritt 4 auch gleich die Datei durch einen Doppelklick öffnen.

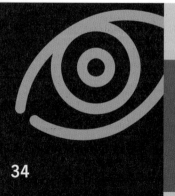

Tipp

Dokument öffnen

Sie können die entsprechende Datei markieren und dann *Öffnen* anklicken oder das Dokument mit einem Doppelklick öffnen.

3

Vor dem Gestalten muss markiert werden – Textteile einfach markieren

Markieren durch Ziehen der Maus

Ein wichtiger Teil der Arbeit mit Word ist das Markieren von Textteilen, um diese anschließend entsprechend gestalten und formatieren zu können. Viele Wege führen nach Rom, und so gibt es auch viele verschiedene Möglichkeiten, Textelemente zu markieren. Diese Art der Markierung dürfte die häufigste sein, die Sie anwenden werden.

Schritt 1

Klicken Sie mit der Maus an die Stelle im Text, an der die Markierung beginnen soll, und halten Sie die Maustaste gedrückt.

Schritt 2

Ziehen Sie die Maus mit weiterhin gedrückt gehaltener Taste bis zum Ende des Teils, den Sie markieren wollen.

> Die Bewerbungsvoraussetzungen. Jeder, der sich bewirbt, muss sich im Klaren sein, dass er nicht der einzige ist, sondern nur einer von vielen. Die Konkurrenz ist groß, so dass ein großer Teil der Bewerbung aus handfester Werbepsychologie besteht. Sie werben für sich selbst. Bei einer erfolgreichen Bewerbung kommt es also nicht nur auf gute Zeugnisse an, sondern auch auf werbe- und gesprächspsychologische Techniken.
>
> Die ersten Schritte einer Bewerbung sind eine Bestandsaufnahme bezüglich Wissen, Können, Berufspraxis und, vor allem, wie kann ich meine Angaben belegen. Ein Arbeitgeber, der eine Stelle für einen Arbeitnehmer ausgeschrieben hat, mag etwa 80 bis 100 Bewerbungen erhalten. Man kann sich seine Verwirrung sicher vorstellen, wenn er sich fragt, wer nun der Beste für diesen Arbeitsplatz sei.
>
> Bei Arbeitgeber und Arbeitnehmer sind verschiedene Wünsche und Befürchtungen latent vorhanden, die ein sorgfältiges Abtasten zweier Gegner vorausprogrammieren. Dabei gibt es sogenannte positive Konfliktstoffe, also Wünsche und Hoffnungen, und negative Konfliktstoffe, also Befürchtungen und Ahnungen. Eines haben jedoch beide gemeinsam, nämlich den begehrten Arbeitsplatz zu besetzen.
>
> Das Ziel jeder Bewerbung muss also sein, die Hoffnungen des Arbeitgebers bewusst und gezielt zu stärken und seine Befürchtungen auszuräumen.
>
> Vom Standpunkt des Bewerbers aus gesehen, ist es natürlich sein Ziel den Arbeitsplatz zu bekommen. Dazu muss er zuerst in die engere Bewerberauswahl kommen, um eine echte Chance zu haben. Dieses Ziel kann er mit Hilfe seiner schriftlichen Bewerbungsunterlagen erreichen.

Schritt 3

Lassen Sie die Maustaste los.

Tipp

Lassen Sie die Maus erst los, wenn alles richtig markiert ist

Solange Sie die Maus drücken, können Sie die Markierung erweitern oder verkleinern. Halten Sie die Maus deshalb so lange fest, bis Sie alles richtig markiert haben. Haben Sie die Maus zu früh losgelassen, markieren Sie neu.

Markieren mit Maus und Tasten

Diese Methode bietet sich an, wenn man ein Wort bzw. einen ganzen Absatz ohne lästiges „Gefriemel" mit der Maus markieren will.

Das möchten Sie markieren	Das müssen Sie tun	
Wort	Doppelklick auf das entsprechende Wort	Die Bewerbungsvoraussetzungen. Jeder, der sich **bewirbt**, muss sich im Klaren sein, dass er nicht der einzige ist, sondern nur einer von vielen. Die Konkurrenz ist groß, so dass ein großer Teil der Bewerbung aus handfester Werbepsychologie besteht. Sie werben für sich selbst. Bei einer erfolgreichen Bewerbung kommt es also nicht nur auf gute Zeugnisse an, sondern auch auf werbe- und gesprächspsychologische Techniken. Die ersten Schritte einer Bewerbung sind eine Bestandsaufnahme bezüglich Wissen, Können, Berufspraxis und, vor allem, wie kann ich meine Angaben belegen. Ein Arbeitgeber, der eine Stelle für einen Arbeitnehmer ausgeschrieben hat, mag etwa 80 bis 100 Bewerbungen erhalten. Man kann sich seine Verwirrung sicher vorstellen, wenn er sich fragt, wer nun der Beste für diesen Arbeitsplatz sei. Bei Arbeitgeber und Arbeitnehmer sind verschiedene Wünsche und Befürchtungen latent vorhanden, die ein sorgfältiges Abtasten zweier Gegner vorausprogrammieren. Dabei gibt es sogenannte positive Konfliktstoffe, also Wünsche und Hoffnungen, und negative Konfliktstoffe, also Befürchtungen und Ahnungen. Eines haben jedoch beide gemeinsam, nämlich den begehrten Arbeitsplatz zu besetzen. Das Ziel jeder Bewerbung muss also sein, die Hoffnungen des Arbeitgebers bewusst und gezielt zu stärken und seine Befürchtungen auszuräumen. Vom Standpunkt des Bewerbers aus gesehen, ist es natürlich sein Ziel den Arbeitsplatz zu bekommen. Dazu muss er zuerst in die engere Bewerberauswahl kommen, um eine echte Chance zu haben. Dieses Ziel kann er mit Hilfe seiner schriftlichen Bewerbungsunterlagen erreichen.
einen Absatz	Dreifachklick irgendwo in den Absatz	Die Bewerbungsvoraussetzungen. Jeder, der sich bewirbt, muss sich im Klaren sein, dass er nicht der einzige ist, sondern nur einer von vielen. Die Konkurrenz ist groß, so dass ein großer Teil der Bewerbung aus handfester Werbepsychologie besteht. Sie werben für sich selbst. Bei einer erfolgreichen Bewerbung kommt es also nicht nur auf gute Zeugnisse an, sondern auch auf werbe- und gesprächspsychologische Techniken. Die ersten Schritte einer Bewerbung sind eine Bestandsaufnahme bezüglich Wissen, Können, Berufspraxis und, vor allem, wie kann ich meine Angaben belegen. Ein Arbeitgeber, der eine Stelle für einen Arbeitnehmer ausgeschrieben hat, mag etwa 80 bis 100 Bewerbungen erhalten. Man kann sich seine Verwirrung sicher vorstellen, wenn er sich fragt, wer nun der Beste für diesen Arbeitsplatz sei. Bei Arbeitgeber und Arbeitnehmer sind verschiedene Wünsche und Befürchtungen latent vorhanden, die ein sorgfältiges Abtasten zweier Gegner vorausprogrammieren. Dabei gibt es sogenannte positive Konfliktstoffe, also Wünsche und Hoffnungen, und negative Konfliktstoffe, also Befürchtungen und Ahnungen. Eines haben jedoch beide gemeinsam, nämlich den begehrten Arbeitsplatz zu besetzen. Das Ziel jeder Bewerbung muss also sein, die Hoffnungen des Arbeitgebers bewusst und gezielt zu stärken und seine Befürchtungen auszuräumen. Vom Standpunkt des Bewerbers aus gesehen, ist es natürlich sein Ziel den Arbeitsplatz zu bekommen. Dazu muss er zuerst in die engere Bewerberauswahl kommen, um eine echte Chance zu haben. Dieses Ziel kann er mit Hilfe seiner schriftlichen Bewerbungsunterlagen erreichen.

Merke

Zuerst markieren, dann formatieren

Wann immer Sie einen Text formatieren möchten, müssen Sie vorher markieren. Es gibt viele Möglichkeiten, professionell beliebige Textelemente zu markieren, und in der Tabelle dieses Kapitels sind nur die wichtigsten enthalten. Aber das reicht für den täglichen Umgang mit Word völlig aus.

Das möchten Sie markieren	Das müssen Sie tun	
eine Zeile	Bewegen Sie den Mauszeiger links neben die zu markierende Zeile und klicken Sie.	Die Bewerbungsvoraussetzungen. Jeder, der sich bewirbt, muss sich im Klaren sein, dass er nicht der einzige ist, sondern nur einer von vielen. Die Konkurrenz ist groß, so dass ein großer Teil der Bewerbung aus handfester Werbepsychologie besteht. Sie werben für sich selbst. Bei einer erfolgreichen Bewerbung kommt es also nicht nur auf gute Zeugnisse an, sondern auch auf werbe- und gesprächspsychologische Techniken. Die ersten Schritte einer Bewerbung sind eine Bestandsaufnahme bezüglich Wissen, Können, Berufspraxis und, vor allem, wie kann ich meine Angaben belegen. Ein Arbeitgeber, der eine Stelle für einen Arbeitnehmer ausgeschrieben hat, mag etwa 80 bis 100 Bewerbungen erhalten. Man kann sich seine Verwirrung sicher vorstellen, wenn er sich fragt, wer nun der Beste für diesen Arbeitsplatz sei. Bei Arbeitgeber und Arbeitnehmer sind verschiedene Wünsche und Befürchtungen latent vorhanden, die ein sorgfältiges Abtasten zweier Gegner vorausprogrammieren. Dabei gibt es sogenannte positive Konfliktstoffe, also Wünsche und Hoffnungen, und negative Konfliktstoffe, also Befürchtungen und Ahnungen. Eines haben jedoch beide gemeinsam, nämlich den begehrten Arbeitsplatz zu besetzen. Das Ziel jeder Bewerbung muss also sein, die Hoffnungen des Arbeitgebers bewusst und gezielt zu stärken und seine Befürchtungen auszuräumen. Vom Standpunkt des Bewerbers aus gesehen, ist es natürlich sein Ziel den Arbeitsplatz zu bekommen. Dazu muss er zuerst in die engere Bewerberauswahl kommen, um eine echte Chance zu haben. Dieses Ziel kann er mit Hilfe seiner schriftlichen Bewerbungsunterlagen erreichen.
einen ganzen Satz	Halten Sie die [Strg]-Taste fest und klicken Sie irgendwo in den Satz.	Die Bewerbungsvoraussetzungen. Jeder, der sich bewirbt, muss sich im Klaren sein, dass er nicht der einzige ist, sondern nur einer von vielen. Die Konkurrenz ist groß, so dass ein großer Teil der Bewerbung aus handfester Werbepsychologie besteht. Sie werben für sich selbst. Bei einer erfolgreichen Bewerbung kommt es also nicht nur auf gute Zeugnisse an, sondern auch auf werbe- und gesprächspsychologische Techniken. Die ersten Schritte einer Bewerbung sind eine Bestandsaufnahme bezüglich Wissen, Können, Berufspraxis und, vor allem, wie kann ich meine Angaben belegen. Ein Arbeitgeber, der eine Stelle für einen Arbeitnehmer ausgeschrieben hat, mag etwa 80 bis 100 Bewerbungen erhalten. Man kann sich seine Verwirrung sicher vorstellen, wenn er sich fragt, wer nun der Beste für diesen Arbeitsplatz sei. Bei Arbeitgeber und Arbeitnehmer sind verschiedene Wünsche und Befürchtungen latent vorhanden, die ein sorgfältiges Abtasten zweier Gegner vorausprogrammieren. Dabei gibt es sogenannte positive Konfliktstoffe, also Wünsche und Hoffnungen, und negative Konfliktstoffe, also Befürchtungen und Ahnungen. Eines haben jedoch beide gemeinsam, nämlich den begehrten Arbeitsplatz zu besetzen. Das Ziel jeder Bewerbung muss also sein, die Hoffnungen des Arbeitgebers bewusst und gezielt zu stärken und seine Befürchtungen auszuräumen. Vom Standpunkt des Bewerbers aus gesehen, ist es natürlich sein Ziel den Arbeitsplatz zu bekommen. Dazu muss er zuerst in die engere Bewerberauswahl kommen, um eine echte Chance zu haben. Dieses Ziel kann er mit Hilfe seiner schriftlichen Bewerbungsunterlagen erreichen.
gesamten Text	Drücken Sie die Tastenkombination [Strg]+[A].	

Hinweis

Was ist besser - markieren mit Maus oder Tasten?

Das hängt davon ab, was Sie markieren möchten. In den meisten Fällen wird die Maus sicher das beste Mittel sein, um zu markieren. Bei Absätzen, die aber durch einen Seitenumbruch getrennt sind, ist ein Markieren mit den Pfeiltasten oftmals besser und präziser.

Das möchten Sie markieren	Das müssen Sie tun	
von der Einfügeposition ab bis zum Ende der Zeile	Drücken Sie die Tastenkombination ⎡Umschalt⎤+⎡Ende⎤	Die Bewerbungsvoraussetzungen. Jeder, der sich bewirbt, muss sich im Klaren sein, dass er nicht der einzige ist, sondern nur einer von vielen. Die Konkurrenz ist groß, so dass ein großer Teil der Bewerbung aus handfester Werbepsychologie besteht. Sie werben für sich selbst. Bei einer erfolgreichen Bewerbung kommt es also nicht nur auf gute Zeugnisse an, sondern auch auf werbe- und gesprächspsychologische Techniken. Die ersten Schritte einer Bewerbung sind eine Bestandsaufnahme bezüglich Wissen, Können, Berufspraxis und, vor allem, wie kann ich meine Angaben belegen. Ein Arbeitgeber, der eine Stelle für einen Arbeitnehmer ausgeschrieben hat, mag etwa 80 bis 100 Bewerbungen erhalten. Man kann sich seine Verwirrung sicher vorstellen, wenn er sich fragt, wer nun der Beste für diesen Arbeitsplatz sei. Bei Arbeitgeber und Arbeitnehmer sind verschiedene Wünsche und Befürchtungen latent vorhanden, die ein sorgfältiges Abtasten zweier Gegner vorausprogrammieren. Dabei gibt es sogenannte positive Konfliktstoffe, also Wünsche und Hoffnungen, und negative Konfliktstoffe, also Befürchtungen und Ahnungen. Eines haben jedoch beide gemeinsam, nämlich den begehrten Arbeitsplatz zu besetzen. Das Ziel jeder Bewerbung muss also sein, die Hoffnungen des Arbeitgebers bewusst und gezielt zu stärken und seine Befürchtungen auszuräumen. Vom Standpunkt des Bewerbers aus gesehen, ist es natürlich sein Ziel den Arbeitsplatz zu bekommen. Dazu muss er zuerst in die engere Bewerberauswahl kommen, um eine echte Chance zu haben. Dieses Ziel kann er mit Hilfe seiner schriftlichen Bewerbungsunterlagen erreichen.
von der Position des Cursors bis zum Anfang der Zeile	Drücken Sie die Tastenkombination ⎡Umschalt⎤+⎡Pos1⎤	Die Bewerbungsvoraussetzungen. Jeder, der sich bewirbt, muss sich im Klaren sein, dass er nicht der einzige ist, sondern nur einer von vielen. Die Konkurrenz ist groß, so dass ein großer Teil der Bewerbung aus handfester Werbepsychologie besteht. Sie werben für sich selbst. Bei einer erfolgreichen Bewerbung kommt es also nicht nur auf gute Zeugnisse an, sondern auch auf werbe- und gesprächspsychologische Techniken. Die ersten Schritte einer Bewerbung sind eine Bestandsaufnahme bezüglich Wissen, Können, Berufspraxis und, vor allem, wie kann ich meine Angaben belegen. Ein Arbeitgeber, der eine Stelle für einen Arbeitnehmer ausgeschrieben hat, mag etwa 80 bis 100 Bewerbungen erhalten. Man kann sich seine Verwirrung sicher vorstellen, wenn er sich fragt, wer nun der Beste für diesen Arbeitsplatz sei. Bei Arbeitgeber und Arbeitnehmer sind verschiedene Wünsche und Befürchtungen latent vorhanden, die ein sorgfältiges Abtasten zweier Gegner vorausprogrammieren. Dabei gibt es sogenannte positive Konfliktstoffe, also Wünsche und Hoffnungen, und negative Konfliktstoffe, also Befürchtungen und Ahnungen. Eines haben jedoch beide gemeinsam, nämlich den begehrten Arbeitsplatz zu besetzen. Das Ziel jeder Bewerbung muss also sein, die Hoffnungen des Arbeitgebers bewusst und gezielt zu stärken und seine Befürchtungen auszuräumen. Vom Standpunkt des Bewerbers aus gesehen, ist es natürlich sein Ziel den Arbeitsplatz zu bekommen. Dazu muss er zuerst in die engere Bewerberauswahl kommen, um eine echte Chance zu haben. Dieses Ziel kann er mit Hilfe seiner schriftlichen Bewerbungsunterlagen erreichen.

Hinweis

Sind das alle Möglichkeiten zum Markieren?

Geben Sie sich nicht der Illusion hin, das sei alles gewesen, aber das waren die wichtigsten Möglichkeiten, damit können Sie so gut wie alles markieren. Aber vollständig ist die Liste noch nicht.

Noch zwei Möglichkeiten zum Markieren

Eine weitere Möglichkeit ist nicht nur praktisch, sondern auch sehr sinnvoll.

Schritt 1

Positionieren Sie den Cursor an der Stelle, ab welcher markiert werden soll.

> Die Bewerbungsvoraussetzungen. Jeder, der sich bewirbt, muss sich im Klaren sein, dass er nicht der einzige ist, sondern nur einer von vielen. Die Konkurrenz ist groß, so dass ein großer Teil der Bewerbung aus handfester Werbepsychologie besteht. Sie werben für sich selbst. Bei einer erfolgreichen Bewerbung kommt es also nicht nur auf gute Zeugnisse an, sondern auch auf werbe- und gesprächspsychologische Techniken.
>
> Die ersten Schritte einer Bewerbung sind eine Bestandsaufnahme bezüglich Wissen, Können, Berufspraxis und, vor allem, wie kann ich meine Angaben belegen. Ein Arbeitgeber, der eine Stelle für einen Arbeitnehmer ausgeschrieben hat, mag etwa 80 bis 100 Bewerbungen erhalten. Man kann sich seine Verwirrung sicher vorstellen, wenn er sich fragt, wer nun der Beste für diesen Arbeitsplatz sei.
>
> Bei Arbeitgeber und Arbeitnehmer sind verschiedene Wünsche und Befürchtungen latent vorhanden, die ein sorgfältiges Abtasten zweier Gegner vorausprogrammieren. Dabei gibt es sogenannte positive Konfliktstoffe, also Wünsche und Hoffnungen, und negative Konfliktstoffe, also Befürchtungen und Ahnungen. Eines haben jedoch beide gemeinsam, nämlich den begehrten Arbeitsplatz zu besetzen.
>
> Das Ziel jeder Bewerbung muss also sein, die Hoffnungen des Arbeitgebers bewusst und gezielt zu stärken und seine Befürchtungen auszuräumen.
>
> Vom Standpunkt des Bewerbers aus gesehen, ist es natürlich sein Ziel den Arbeitsplatz zu bekommen. Dazu muss er zuerst in die engere Bewerberauswahl kommen, um eine echte Chance zu haben. Dieses Ziel kann er mit Hilfe seiner schriftlichen Bewerbungsunterlagen erreichen.

Schritt 2

Halten Sie die Umschalt-Taste gedrückt.

Schritt 3

Klicken Sie nun an die Stelle im Text, bis zu der markiert werden soll.

Schritt 4

Lassen Sie die Umschalt- und die Maustaste los.

Markieren mithilfe der Pfeiltasten

Schritt 1

Setzen Sie den Cursor an die Stelle im Text, ab der markiert werden soll.

Schritt 2

Halten Sie die Umschalt-Taste gedrückt. Wandern Sie nun mit gedrückter Umschalt-Taste und einer entsprechenden Pfeiltaste

> Die Bewerbungsvoraussetzungen. Jeder, der sich bewirbt, muss sich im Klaren sein, dass er nicht der einzige ist, sondern nur einer von vielen. Die Konkurrenz ist groß, so dass ein großer Teil der Bewerbung aus handfester Werbepsychologie besteht. Sie werben für sich selbst. Bei einer erfolgreichen Bewerbung kommt es also nicht nur auf gute Zeugnisse an, sondern auch auf werbe- und gesprächspsychologische Techniken.

zu der Stelle im Text, bis zu der markiert werden soll.

Tipp

Wofür sich die Pfeiltasten eignen

Das Markieren mit den Pfeiltasten eignet sich besonders für kleine Markierungen oder auch für Markierungen, die eine oder zwei Zeilen der folgenden Seite enthalten sollen.

Das gemeinsame Markieren unterschiedlicher Textteile

Eine Markierungsmöglichkeit wurde bei den vorherigen Word-Versionen von den Anwendern schmerzlich vermisst: nämlich das gemeinsame Markieren unterschiedlicher Textteile.

Eine Markierung wie in der Abbildung war so bisher also nicht möglich.

¶
Die Bewerbungsunterlagen ¶
¶
Die Bewerbungsunterlagen sollen einen positiven Gesamteindruck hinterlassen. Es gibt nun verschiedene Antworten auf die Frage, wie so etwas zu bewerkstelligen ist, aber eine Antwort taucht bei allen Befragungen auf. Alle Befragten versuchten sich möglichst professionell zu bewerben, d.h. ihr Vorgehen orientierte sich an dem eines erfolgreichen Verkäufers. Denn schließlich wollen Sie ja etwas verkaufen, nämlich sich und Ihre Arbeitskraft. Nicht umsonst steckt im Wort "Bewerbung" das Wort "Werbung". Sie müssen für sich werben. ¶
¶
Ihre Bewerbung hat nur dann eine optimale Chance in die engere Wahl zu kommen, wenn sie durch einen hohen qualitativen Standard besticht. ¶
¶
Welche Auswirkungen hat nun das Äußere auf die Bewerbung? Sie können davon ausgehen, daß jeder Personalchef auch über eine gehörige Portion Menschenkenntnis verfügt, sonst könnte er sich nicht lange auf seinem Posten halten. Seine Sachkenntnis beruht auf seinen bisherigen Erfahrungen innerhalb des Betriebes und auf seinen psychologischen Schulungen und Seminaren über Personalanalyse. Damit ist er in dem spezifischen Bereich der Personaleinstellung jedem Bewerber weit überlegen. ¶
¶
Für die schriftliche Bewerbung benötigen Sie folgende Unterlagen: Bewerbungsschreiben, Lebenslauf mit Foto, Zeugnisse aller angegebenen Tätigkeiten, Nachweise über Zusatzkenntnisse wie z.B. Fernlehrgänge, Sprachkurse usw. ¶
¶
Ein nicht unwesentliches Kriterium für eine erfolgreiche Bewerbung ist die Motivation dafür. Wenn Sie von vornherein kein Interesse an dem Betrieb haben, so wird es für einen geübten Personalchef keine Probleme bereiten, das aus Ihren Unterlagen herauszulesen. ¶
¶

Jetzt geht es!

Merke

Markieren unterschiedlicher Textteile

Mit dieser neuen Markierungsmöglichkeit können Sie nun sehr schnell gleiche Formatierungen verschiedenen Textteilen geben.

Schritt 1

Markieren Sie ganz klassisch einen Teil des Textes.

> **Die Bewerbungsunterlagen**¶
> ¶
> Die Bewerbungsunterlagen sollen einen positiven Gesamteindruck hinterlassen. Es gibt nun verschiedene Antworten auf die Frage, wie so etwas zu bewerkstelligen ist, aber eine Antwort taucht bei allen Befragungen auf. Alle Befragten versuchten sich möglichst professionell zu bewerben, d.h. ihr Vorgehen orientierte sich an dem eines erfolgreichen Verkäufers. Denn schließlich wollen Sie ja etwas verkaufen, nämlich sich und Ihre Arbeitskraft. Nicht umsonst steckt im Wort "Bewerbung" das Wort "Werbung". Sie müssen für sich werben. ¶

Schritt 2

Wenn Sie nun zu dieser Markierung eine weitere Markierung hinzufügen möchten, halten Sie die Strg-Taste fest und markieren den anderen Teil.

> **Die Bewerbungsunterlagen**¶
> ¶
> Die Bewerbungsunterlagen sollen einen positiven Gesamteindruck hinterlassen. Es gibt nun verschiedene Antworten auf die Frage, wie so etwas zu bewerkstelligen ist, aber eine Antwort taucht bei allen Befragungen auf. Alle Befragten versuchten sich möglichst professionell zu bewerben, d.h. ihr Vorgehen orientierte sich an dem eines erfolgreichen Verkäufers. Denn schließlich wollen Sie ja etwas verkaufen, nämlich sich und Ihre Arbeitskraft. Nicht umsonst steckt im Wort "Bewerbung" das Wort "Werbung". Sie müssen für sich werben. ¶

Merke

Die Strg-Taste

Sobald Sie die Strg-Taste festhalten, können Sie weitere Markierungen hinzufügen. Damit können Sie nun in „einem Aufwasch" unterschiedliche Textteile mit dem gleichen Format versehen.

4

Texte gestalten mithilfe der Formatierungen

Was ist der Unterschied zwischen Schriftart- und Absatzformatierung?

Ein weiterer sehr wichtiger Bestandteil von Word ist die Textformatierung. Hierbei müssen Sie unterscheiden zwischen Absatz- und Schriftartformatierung.

Eine Schriftartformatierung gilt für einzelne Zeichen, eine Absatzformatierung gilt nur für den gesamten Absatz. In früheren Word-Versionen wurde die Schriftartformatierung auch Zeichenformatierung genannt, was in meinen Augen eine treffendere Beschreibung für diese Art der Formatierung ist.

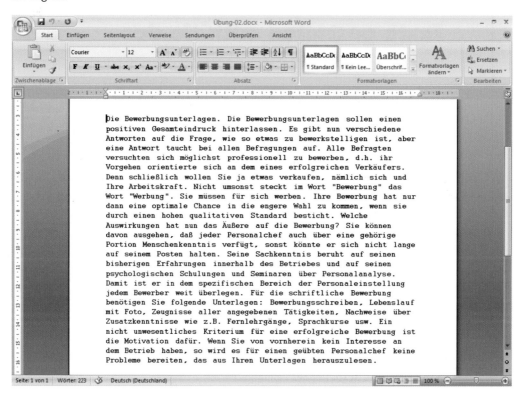

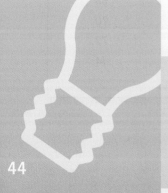

Merke

Schriftart- und Absatzformatierung

Eine Schriftartformatierung gilt für ganze Absätze und auch einzelne Zeichen. Eine Absatzformatierung gilt immer für den gesamten Absatz. Wenn Sie also einen Absatz formatieren möchten, genügt es, die Einfügemarke in diesen Absatz zu setzen. Markieren müssen Sie dann nicht unbedingt. Aber es wäre trotzdem nicht falsch, und für den Anfang würde ich es empfehlen.

Um dies alles zu veranschaulichen, wollen wir den oben gezeigten Text komplett ohne Formatierungen als Ausgangssituation nehmen und diesen Schritt für Schritt in die entsprechende Form bringen.

In Word 2007 sind diese Formatierungen in Gruppen zusammengefasst. So gibt es die Gruppe Schriftart, Absatz etc. Wir werden uns die wichtigsten Elemente aus diesen Gruppen nun anschauen.

Die Schriftart-Gruppe bietet zum Beispiel die Möglichkeit, die Schriftart sowie die Textgröße bestimmter Wörter oder Textteile zu wählen. Sie entscheiden, was fett gedruckt, kursiv oder unterstrichen werden soll oder welche Farbe für den geschriebenen Text verwendet wird. Man kann also kurz sagen, dass diese Gruppe allein für das Aussehen der eigentlichen Wörter zuständig ist.

Neben dieser Gruppe findet man die Gruppe für die Absatzformatierungen. So lässt sich zum Beispiel mithilfe dieser Gruppe entscheiden, ob ein Absatz linksbündig, zentriert, rechtsbündig oder beidseitig bündig (Blocksatz) dargestellt werden soll.

Fangen wir also an!

Der Text ist ohne irgendwelche Formatierungen. Sie sollten beim Tippen eines Textes zumindest schon Absätze machen, d. h. an den Stellen, an denen Sie mit einer neuen Zeile beginnen möchten, die (Enter)-Taste zu drücken.

Hinweis

Was sollte man zuerst tun? Text schreiben und dann formatieren oder während des Schreibens formatieren?

Ehrlich gesagt, lässt sich das nicht so leicht beantworten. Tatsache ist aber, wenn Sie den Text diktiert bekommen, haben Sie wahrscheinlich keine Zeit, sich noch um Formatierungen zu kümmern. Und, man sollte es ganz pragmatisch sehen, der Text eines Vertrags ist wichtiger als die Formatierung. Deshalb schreiben Sie besser zunächst Ihren Text nur mit minimalen Formatierungen und formatieren hinterher.

Absätze nachträglich einfügen

Schritt 1

Absätze können Sie natürlich auch nachträglich machen. Klicken Sie dazu vor das erste Wort, mit dem Sie einen neuen Absatz beginnen lassen wollen.

```
Die Bewerbungsunterlagen. Die Bewerbungsunterlagen sollen einen
positiven Gesamteindruck hinterlassen. Es gibt nun verschiedene
Antworten auf die Frage, wie so etwas zu bewerkstelligen ist, aber
eine Antwort taucht bei allen Befragungen auf. Alle Befragten
versuchten sich möglichst professionell zu bewerben, d.h. ihr
Vorgehen orientierte sich an dem eines erfolgreichen Verkäufers.
```

Schritt 2

Drücken Sie dann die (Enter)-Taste. Wenn Sie sie zweimal drücken, erzeugen Sie eine Leerzeile.

```
Die Bewerbungsunterlagen.

Die Bewerbungsunterlagen sollen einen positiven Gesamteindruck
hinterlassen. Es gibt nun verschiedene Antworten auf die Frage,
wie so etwas zu bewerkstelligen ist, aber eine Antwort taucht bei
allen Befragungen auf. Alle Befragten versuchten sich möglichst
professionell zu bewerben, d.h. ihr Vorgehen orientierte sich an
dem eines erfolgreichen Verkäufers. Denn schließlich wollen Sie ja
etwas verkaufen, nämlich sich und Ihre Arbeitskraft. Nicht umsonst
steckt im Wort "Bewerbung" das Wort "Werbung". Sie müssen für sich
werben.

Ihre Bewerbung hat nur dann eine optimale Chance in die engere
Wahl zu kommen, wenn sie durch einen hohen qualitativen Standard
besticht.
```

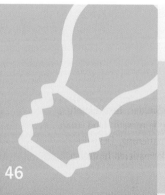

Achtung

Setzen Sie die Einfügemarke an die richtige Stelle

Oft wird die Einfügemarke nicht exakt vor den ersten Buchstaben des Wortes gesetzt, sondern vor das Leerzeichen davor. Wenn man dann die (Enter)-Taste drückt, wird dieses Leerzeichen mit in die nächste Zeile gezogen, mit dem „Erfolg", dass der Absatz nun ein Leerzeichen lang eingerückt wird.

Typische Fehler bei Absätzen vermeiden

Manchmal sind die unterschiedlich breiten Abstände zwischen verschiedenen Absätzen schwer zu erkennen.

```
Die Bewerbungsunterlagen.

Die Bewerbungsunterlagen sollen einen positiven Gesamteindruck
hinterlassen. Es gibt nun verschiedene Antworten auf die Frage,
wie so etwas zu bewerkstelligen ist, aber eine Antwort taucht bei
allen Befragungen auf. Alle Befragten versuchten sich möglichst
professionell zu bewerben, d.h. ihr Vorgehen orientierte sich an
dem eines erfolgreichen Verkäufers. Denn schließlich wollen Sie ja
etwas verkaufen, nämlich sich und Ihre Arbeitskraft. Nicht umsonst
steckt im Wort "Bewerbung" das Wort "Werbung". Sie müssen für sich
werben.
```

```
Ihre Bewerbung                           optimale Chance in die engere
Wahl zu kommen,                          inen hohen qualitativen Standard
besticht

Welche Auswirkungen hat nun das Äußere auf die Bewerbung? Sie
können davon ausgehen, daß jeder Personalchef auch über eine
gehörige Portion Menschenkenntnis verfügt, sonst könnte er sich
nicht lange auf seinem Posten halten. Seine Sachkenntnis beruht
auf seinen bisherigen Erfahrungen innerhalb des Betriebes und auf
seinen psychologischen Schulungen und Seminaren über
Personalanalyse. Damit ist er in dem spezifischen Bereich der
Personaleinstellung jedem Bewerber weit überlegen.
```

Hier haben Sie bei dem oberen Absatz mehrmals die (Enter)-Taste gedrückt. Wie oft, können Sie nicht erkennen.

In solchen Fällen ist es gut, sich die Steuerzeichen anzeigen zu lassen.

Klicken Sie auf das Symbol, das in der Abbildung angewählt ist, um die Sonderzeichen ein- oder auszuschalten.

Glossar

Was sind Steuerzeichen?

Steuerzeichen nennt man auch nicht druckbare Sonderzeichen. Und das heißt, diese Zeichen braucht ein Text für die Formatierung, sie können am Bildschirm angezeigt werden, werden aber niemals ausgedruckt. Man kann solche nicht druckbaren Sonderzeichen deshalb auch permanent eingeschaltet lassen.

¶
Die·Bewerbungsunterlagen.·¶
¶
Die Der Punkt . am Satzende en·sollen·einen·positiven·Gesamteindruck·
hinterlassen. es·gibt·nun·verschiedene·Antworten·auf·die·Frage,·
wie·so·etwas·zu·bewerkstelligen·ist,·aber·eine·Antwort·taucht·bei·
allen·Befragungen·auf.·Alle·Befragten·versuchten·sich·möglichst·
professionell·zu·bewerben,·d.h.·ihr·Vorgehen·orientierte·sich·an·
dem·eines·erfolgreichen·Verkäufers.·Denn·schließlich·wollen·Sie·ja·
etwas·verkaufen,·nämlich·sich·und·Ih | Leerzeichen: Hier | ·Nicht·umsonst·
steckt·im·Wort·"Bewerbung"·das·Wort | haben Sie die | üssen·für·sich·
werben.·¶ | Leertaste gedrückt |
¶
¶ Absatzmarken: Hier haben Sie die
Ihre·Bewerbung Enter-Taste gedrückt e·Chance·in·die·engere·
Wahl·zu·kommen,·wenn·sie·durch·einen·hohen·qualitativen·Standard·
besticht.·¶
¶
Welche·Auswirkungen·hat·nun·das·Äußere·auf·die·Bewerbung?·Sie·
können·davon·ausgehen,·daß·jeder·Personalchef·auch·über·eine·
gehörige·Portion·Menschenkenntnis·verfügt,·sonst·könnte·er·sich·
nicht·lange·auf·seinem·Posten·halten.·Seine·Sachkenntnis·beruht·
auf·seinen·bisherigen·Erfahrungen·innerhalb·des·Betriebes·und·auf·
seinen·psychologischen·Schulungen·und·Seminaren·über·
Personalanalyse.·Damit·ist·er·in·dem·spezifischen·Bereich·der·
Personaleinstellung·jedem·Bewerber·weit·überlegen.·¶
¶

Nun sehen Sie, dass Sie in einem Absatz zweimal die Enter -Taste gedrückt haben. Löschen Sie eines der beiden Zeichen genauso, als würden Sie ein normales Zeichen löschen.

Ob Sie die nicht druckbaren Sonderzeichen eingeschaltet lassen oder wieder ausschalten, überlasse ich Ihnen.

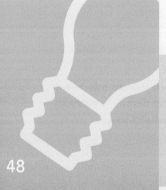

Tipp

Schalten Sie diese nicht druckbaren Sonderzeichen hin und wieder ein

Denn nur bei eingeschalteten Sonderzeichen können Sie bestimmte Formatierungen prüfen. Wichtig werden diese Zeichen im Kapitel über Tabulatoren.

Kann ich mir nur einige dieser nicht druckbaren Sonderzeichen anzeigen lassen?

Die Sonderzeichen sind hilfreich und wichtig, aber sich immer alle anzeigen zu lassen, ist sehr verwirrend. Deshalb gibt es in Word die Möglichkeit auszuwählen, welche Sonderzeichen Sie sehen möchten.

Schritt 1

Gehen Sie über die Office-Schaltfläche in die Word-Optionen.

Schritt 2

Wählen Sie die Kategorie *Anzeigen*. Setzen Sie ein Häkchen bei den *Tabstoppzeichen* und den *Absatzmarken*.

Bestätigen Sie dann die Auswahl mit *OK*.

Merke

Diese Sonderzeichen bleiben dann immer am Bildschirm sichtbar

Wenn Sie die nicht druckbaren Sonderzeichen so einschalten, bleiben sie immer am Bildschirm sichtbar. Zumindest so lange, bis Sie sie wieder ausschalten. Aber keine Bange, diese Zeichen werden auf gar keinen Fall ausgedruckt. Sie können Sie also ruhig eingeschaltet lassen.

Die Formatierung Schriftart nutzen

Kümmern wir uns also zunächst um das Aussehen und die Darstellung der Schrift. Der Text selbst ist in einer Schrift geschrieben, die noch an die Schreibmaschinenzeit erinnert.

Schritt 1

Markieren Sie zunächst den kompletten Text mit [Strg]+[A].

Schritt 2

Klicken Sie in der Registerkarte *Start* in der Gruppe *Schriftart* auf die Liste für die Schriftart.

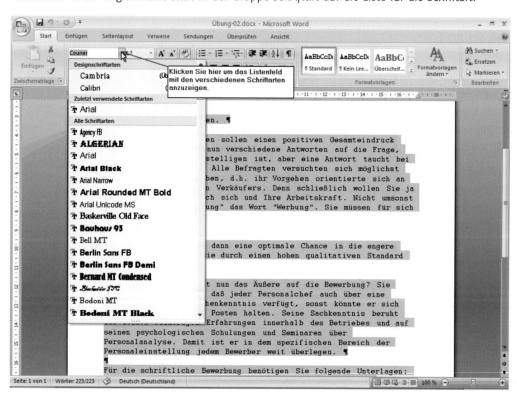

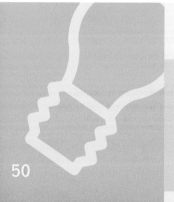

Zunächst soll der gesamte Text in der Schriftart Arial geschrieben werden.

Schritt 3

Eine schier überwältigende Vielfalt an verschiedenen Schriftarten wird sichtbar. Wählen Sie durch Klick *Arial* .

Schritt 4

Als Nächstes soll der Text eine einheitliche kleinere Schriftgröße erhalten. Dazu markieren Sie erneut den kompletten Text.

Öffnen Sie die Liste für die Schriftgröße. Und wählen Sie den Eintrag *10*.

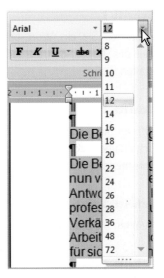

Schritt 5

Die Überschrift sollte etwas größer sein und so markieren Sie die Überschrift *Die Bewerbungsunterlagen* und wählen hierfür die Schriftgröße 14.

¶
¶
Die Bewerbungsunterlagen¶
¶
Die Bewerbungsunterlagen sollen einen positiven Gesamteindruck hinterlassen. Es gibt nun verschiedene Antworten auf die Frage, wie so etwas zu bewerkstelligen ist, aber eine Antwort taucht bei allen Befragungen auf. Alle Befragten versuchten sich möglichst professionell zu bewerben, d.h. ihr Vorgehen orientierte sich an dem eines erfolgreichen Verkäufers. Denn schließlich wollen Sie ja etwas verkaufen, nämlich sich und Ihre Arbeitskraft. Nicht umsonst steckt im Wort "Bewerbung" das Wort "Werbung". Sie müssen für sich werben. ¶

Hinweis

Was bedeuten diese Zahlen bei der Schriftgröße?

Vereinfacht könnte man sagen: je größer die Zahl, desto größer die Schrift. Die Zahlenangaben im Fenster sind sogenannte Point- oder Punktgrößen. Der Punkt (p) ist die Grundeinheit zur Angabe von Schrift größen. Hierbei hat man festgelegt, dass 1 pt = 0,3527 mm beträgt. Sie müssen sich diese Zahl aber nicht unbedingt merken. Merken sollten Sie sich aber, dass Schriften in der Regel eine Größe zwischen 10 pt und 12 pt besitzen.

Mehr Farbe für den Text

Text in Schwarz-Weiß ist heute im Zeitalter der billigen Farbdrucke auch beinahe schon wieder veraltet. Farbe muss her. Aber seien Sie auch hier wachsam. Zu viel Farbe macht einen Text unruhig und unübersichtlich. Aber auch hier gilt: Man sollte das Aussehen eines Textes dem Publikum anpassen. So kann ein Einladungsschreiben zu einer Disco Night sicher etwas ausgefallener sein als das Anschreiben für die Steuererklärung.

Schritt 1

Markieren Sie ein Wort oder den Teil des Textes, den Sie farbig gestalten wollen.

Schritt 2

Öffnen Sie die Auswahlbox für die Schriftfarbe durch Anklicken des entsprechenden Pfeils.

Schritt 3

Wählen Sie den Farbton Ihrer Wahl aus.

Schritt 4

Sollte Ihnen von dieser Farbfülle nichts zusagen, klicken Sie auf *Weitere Farben* und kreieren Sie Ihre eigenen.

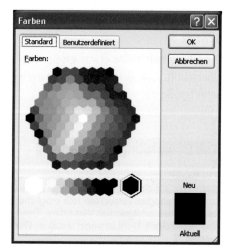

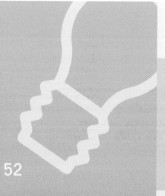

Tipp

Die Benutzung von Farben

Farben sind in unserer Welt ein ganz wichtiger Faktor. Ohne Farben hätten wir es z. B. im Straßenverkehr unendlich viel schwerer. Aber trotzdem sollten Sie bei Texten recht sparsam damit umgehen. Nicht jeder ist entzückt, einen Text lesen zu müssen, der mehr Farbvariationen hat als Absätze.

Es gibt noch eine andere Möglichkeit, um Texte farblich hervorzuheben. Sie können nämlich Texte auch farblich so gestalten, als hätten Sie sie mit einem Textmarker gekennzeichnet. Diese Art der farblichen Gestaltung ist für seminarbegleitendes Unterrichtsmaterial vielleicht etwas individueller als das erste Verfahren. Aber letztendlich entscheiden Sie, wie Sie es haben möchten.

Wenn Sie die Textmarkervariante haben wollen, gehen Sie folgendermaßen vor:

Schritt 1

Markieren Sie den Teil den Textes, der wie mit einem Textmarker markiert erscheinen soll.

Schritt 2

Öffnen Sie die Auswahlbox für die Farbe zur Texthervorhebung und wählen Sie den Farbton, den Sie möchten.

Hinweis

Sie können alles mixen

Alle bisher besprochenen Formate können Sie untereinander mixen. Sie können also etwas in der Farbe Rot und fett gedruckt formatieren. Auch die Textmarker-Farbgebung lässt sich mit der normalen Textfarbe mischen. Aber denken Sie daran, rote Schrift mit rotem Textmarker ist genauso schwer zu lesen wie blauer Textmarker und blaue Schrift.

Tipp

Briefe und Farbe

Man kann heute jeden Brief mit den schönsten Farben versehen, aber bitte seien Sie bei offiziellen Briefen, gerade bei Bewerbungen, etwas zurückhaltend mit Farben.

Schneller arbeiten mit Format übertragen

Wie Sie sicher bereits bemerkt haben, mussten Sie mehrfach praktisch die gleichen Schritte durchführen, wenn bestimmte Textelemente die gleiche Formatierung erhalten sollten. Für solche Dinge gibt es in Word 2007 das mächtige Werkzeug *Format übertragen*. Schauen wir uns das auch an einem Beispiel an.

Schritt 1

Markieren Sie einen Textabschnitt und formatieren Sie ihn wie gerade besprochen.

> ¶
> ## Die Bewerbungsunterlagen ¶
> ¶
> Die <u>Bewerbungsunterlagen</u> sollen einen positiven Gesamteindruck hinterlassen. Es gibt nun verschiedene Antworten auf die Frage, wie so etwas zu bewerkstelligen ist, aber eine Antwort taucht bei allen Befragungen auf. Alle Befragten versuchten sich möglichst professionell zu bewerben, d.h. ihr Vorgehen orientierte sich an dem eines erfolgreichen Verkäufers. Denn schließlich wollen Sie ja etwas verkaufen, nämlich sich und Ihre Arbeitskraft. Nicht umsonst steckt im Wort "Bewerbung" das Wort "Werbung". Sie müssen für sich werben. ¶

Schritt 2

Nun soll dieses Format auf einen anderen Text-bereich übertragen werden. Stellen Sie sicher, dass der Text mit dem Format, das Sie übertra-gen wollen, noch markiert ist.

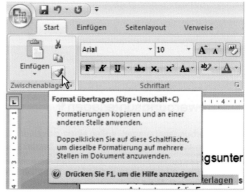

Schritt 3

Klicken Sie dazu auf *Format übertragen*.

Schritt 4

Ihr Mauszeiger erhält einen kleinen Pinsel.

Markieren Sie mit gedrückter linker Maustaste den Text, der das Format erhalten soll.

Hinweis

Markieren unterschiedlicher Textteile oder Format übertragen?

Auch hier wieder: Das bleibt ganz Ihnen überlassen. Nur manchmal ist Format übertragen etwas leichter zu handhaben. Stellen Sie sich vor, Sie haben zehn Textstellen markiert und merken nun, dass die achte Markierung falsch war. Dann müssen Sie mit dem Markieren wieder von vorn anfangen. Bei Format übertragen können Sie sich sagen: „Macht nichts, das kann ich später einfach korrigieren."

Nachdem Sie die Maus losgelassen haben, wurde das Format auf diesen Text übertragen.

> **Die Bewerbungsunterlagen** ¶
> ¶
> Die Bewerbungsunterlagen sollen einen positiven Gesamteindruck hinterlassen. Es gibt nun verschiedene Antworten auf die Frage, wie so etwas zu bewerkstelligen ist, aber eine Antwort taucht bei allen Befragungen auf. Alle Befragten versuchten sich möglichst professionell zu bewerben, d.h. ihr Vorgehen orientierte sich an dem eines erfolgreichen Verkäufers. Denn schließlich wollen Sie ja etwas verkaufen, nämlich sich und Ihre Arbeitskraft. Nicht umsonst steckt im Wort "Bewerbung" das Wort "Werbung". Sie müssen für sich werben. ¶

Word hat sich durch Klick auf *Format übertragen* die Formatierung der markierten Stelle „gemerkt", den Mauszeiger entsprechend verändert und die Formatierung auf den von Ihnen anschließend markierten Teil komplett übertragen.

Gleichzeitig ist Ihnen sicher aufgefallen, dass dieses Werkzeug danach wieder deaktiviert wurde. Ein weiteres Übertragen des Formats würde nun die gleichen Schritte nach sich ziehen.

Nun kann es aber vorkommen, dass Sie ein Format auf mehrere Textstellen anwenden müssen. Also müssten Sie für jedes *Format übertragen* die Schritte 1 bis 4 durchführen. Das kann ganz schön nerven. Aber natürlich gibt es dabei Hilfe von Word.

Schritt 1

Markieren Sie einen Text, dessen Format Sie übertragen möchten.

Schritt 2

Doppelklicken Sie dieses Mal auf *Format übertragen*. Nun bleibt die Funktion so lange aktiv, bis Sie sie wieder ausschalten.

Schritt 3

Markieren Sie nun nacheinander alle Textteile, die das Format erhalten sollen.

> **Die Bewerbungsunterlagen** ¶
> ¶
> Die Bewerbungsunterlagen sollen einen positiven Gesamteindruck hinterlassen. Es gibt nun verschiedene Antworten auf die Frage, wie so etwas zu bewerkstelligen ist, aber eine Antwort taucht bei allen Befragungen auf. Alle Befragten versuchten sich möglichst professionell zu bewerben, d.h. ihr Vorgehen orientierte sich an dem eines erfolgreichen Verkäufers. Denn schließlich wollen Sie ja etwas verkaufen, nämlich sich und Ihre Arbeitskraft. Nicht umsonst steckt im Wort "Bewerbung" das Wort "Werbung". Sie müssen für sich werben. ¶

Schritt 4

Wenn Sie mit *Format übertragen* fertig sind, deaktivieren Sie es durch Drücken der (Esc)-Taste.

Hinweis

Denken Sie ans Speichern

Bevor wir nun zur Absatzformatierung kommen, sollten Sie daran denken, das Dokument eventuell abzuspeichern, denn wenn jetzt der Strom bei Ihnen zu Hause ausfällt, wären alle Veränderungen verloren und Sie müssten von vorn beginnen.

Tipp

Format übertragen

Format übertragen ist sehr gut dafür geeignet, auch komplexe Formate auf andere Textelemente zu übertragen.

Linksbündig, zentriert, rechtsbündig – einfache Absatzformatierungen einsetzen

Zunächst werden wir uns um die Position der verschiedenen Textstellen kümmern, also wie bestimmte Textteile links- oder rechtsbündig, zentriert oder beidseitig bündig dargestellt werden können. Die Standardeinstellung von Word ist dabei linksbündig.

Schritt 1

Markieren Sie die Elemente, deren Ausrichtung Sie ändern möchten.

¶
Die Bewerbungsunterlagen¶
¶
Die Bewerbungsunterlagen sollen einen positiven Gesamteindruck hinterlassen. Es gibt nun verschiedene Antworten auf die Frage, wie so etwas zu bewerkstelligen ist, aber eine Antwort taucht bei allen Befragungen auf. Alle Befragten versuchten sich möglichst professionell zu bewerben, d.h. ihr Vorgehen orientierte sich an dem eines erfolgreichen Verkäufers. Denn schließlich wollen Sie ja etwas verkaufen, nämlich sich und Ihre Arbeitskraft. Nicht umsonst steckt im Wort "Bewerbung" das Wort "Werbung". Sie müssen für sich werben. ¶

Schritt 2

Klicken Sie auf das Symbol für die zentrierte Darstellung.

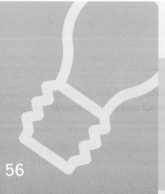

In Büchern findet man ihn sehr viel, bei Briefen ist er indessen nicht so oft zu finden: der Blocksatz. Damit werden Texte sowohl links- als auch rechtsbündig angeordnet.

Schritt 1

Markieren Sie den gezeigten Teil.

¶

Die Bewerbungsunterlagen¶

¶
Die Bewerbungsunterlagen sollen einen positiven Gesamteindruck hinterlassen. Es gibt nun verschiedene Antworten auf die Frage, wie so etwas zu bewerkstelligen ist, aber eine Antwort taucht bei allen Befragungen auf. Alle Befragten versuchten sich möglichst professionell zu bewerben, d.h. ihr Vorgehen orientierte sich an dem eines erfolgreichen Verkäufers. Denn schließlich wollen Sie ja etwas verkaufen, nämlich sich und Ihre Arbeitskraft. Nicht umsonst steckt im Wort "Bewerbung" das Wort "Werbung". Sie müssen für sich werben. ¶

¶
Ihre Bewerbung hat nur dann eine optimale Chance in die engere Wahl zu kommen, wenn sie durch einen hohen qualitativen Standard besticht. ¶

¶
Welche Auswirkungen hat nun das Äußere auf die Bewerbung? Sie können davon ausgehen, daß jeder Personalchef auch über eine gehörige Portion Menschenkenntnis verfügt, sonst könnte er sich nicht lange auf seinem Posten halten. Seine Sachkenntnis beruht auf seinen bisherigen Erfahrungen innerhalb des Betriebes und auf seinen psychologischen Schulungen und Seminaren über Personalanalyse. Damit ist er in dem spezifischen Bereich der Personaleinstellung jedem Bewerber weit überlegen. ¶

¶
Für die schriftliche Bewerbung benötigen Sie folgende Unterlagen: Bewerbungsschreiben, Lebenslauf mit Foto, Zeugnisse aller angegebenen Tätigkeiten, Nachweise über Zusatzkenntnisse wie z.B. Fernlehrgänge, Sprachkurse usw. ¶

¶
Ein nicht unwesentliches Kriterium für eine erfolgreiche Bewerbung ist die Motivation dafür. Wenn Sie von vornherein kein Interesse an dem Betrieb haben, so wird es für einen geübten Personalchef keine Probleme bereiten, das aus Ihren Unterlagen herauszulesen.¶

¶
¶

Schritt 2

Klicken Sie auf das Symbol für die beidseitig bündige Darstellung (Blocksatz).

Achtung

Bemerkungen zum Blocksatz

Beim Blocksatz ist es unabdingbar, dass Sie einzelne Wörter entweder selbst trennen oder durch Word trennen lassen, sonst könnte es nämlich sein, dass viele Leerzeichen zwischen den Wörtern eingefügt werden müssten, damit die Wörter sauber rechts- und linksbündig angeordnet werden könnten.

Wie kann man Absätze einrücken?

Kurze Antwort: niemals mit der ⌈Leertaste⌉. Das wäre, um es einmal salopp zu sagen, der GaB, der größte anzunehmende Blödsinn.

Zum Einrücken von Absätzen gibt es zwei Möglichkeiten:

Möglichkeit 1

Schritt 1

Markieren Sie den Absatz, der eingerückt werden soll.

¶

Die Bewerbungsunterlagen¶

¶
Die Bewerbungsunterlagen sollen einen positiven Gesamteindruck hinterlassen. Es gibt nun verschiedene Antworten auf die Frage, wie so etwas zu bewerkstelligen ist, aber eine Antwort taucht bei allen Befragungen auf. Alle Befragten versuchten sich möglichst professionell zu bewerben, d.h. ihr Vorgehen orientierte sich an dem eines erfolgreichen Verkäufers. Denn schließlich wollen Sie ja etwas verkaufen, nämlich sich und Ihre Arbeitskraft. Nicht umsonst steckt im Wort "Bewerbung" das Wort "Werbung". Sie müssen für sich werben. ¶

¶
Ihre Bewerbung hat nur dann eine optimale Chance in die engere Wahl zu kommen, wenn sie durch einen hohen qualitativen Standard besticht. ¶

¶
Welche Auswirkungen hat nun das Äußere auf die Bewerbung? Sie können davon ausgehen, daß jeder Personalchef auch über eine gehörige Portion Menschenkenntnis verfügt, sonst könnte er sich nicht lange auf seinem Posten halten. Seine Sachkenntnis beruht auf seinen bisherigen Erfahrungen innerhalb des Betriebes und auf seinen psychologischen Schulungen und Seminaren über Personalanalyse. Damit ist er in dem spezifischen Bereich der Personaleinstellung jedem Bewerber weit überlegen. ¶
¶

Schritt 2

Drücken Sie die ⌈Tab⌉-Taste auf Ihrer Tastatur.

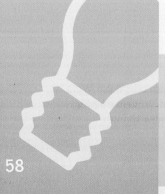

Merke

Absätze einrücken

Absätze sollten Sie niemals, absolut niemals, unter keinen Umständen, nie mit der ⌈Leertaste⌉ einrücken.

Schritt 3

Die Bewerbungsunterlagen¶

¶

Die Bewerbungsunterlagen sollen einen positiven Gesamteindruck hinterlassen. Es gibt nun verschiedene Antworten auf die Frage, wie so etwas zu bewerkstelligen ist, aber eine Antwort taucht bei allen Befragungen auf. Alle Befragten versuchten sich möglichst professionell zu bewerben, d.h. ihr Vorgehen orientierte sich an dem eines erfolgreichen Verkäufers. Denn schließlich wollen Sie ja etwas verkaufen, nämlich sich und Ihre Arbeitskraft. Nicht umsonst steckt im Wort "Bewerbung" das Wort "Werbung". Sie müssen für sich werben. ¶

¶

> Ihre Bewerbung hat nur dann eine optimale Chance in die engere Wahl zu kommen, wenn sie durch einen hohen qualitativen Standard besticht. ¶

¶

Welche Auswirkungen hat nun das Äußere auf die Bewerbung? Sie können davon ausgehen, daß jeder Personalchef auch über eine gehörige Portion Menschenkenntnis verfügt, sonst könnte er sich nicht lange auf seinem Posten halten. Seine Sachkenntnis beruht auf seinen bisherigen Erfahrungen innerhalb des Betriebes und auf seinen psychologischen Schulungen und Seminaren über Personalanalyse. Damit ist er in dem spezifischen Bereich der Personaleinstellung jedem Bewerber weit überlegen. ¶

¶

Wie Sie sehen, wurde der komplette Absatz damit ein Stück eingerückt.

Möglichkeit 2

Für diese zweite Möglichkeit brauchen Sie das Zeilenlineal.

Ist Ihr Zeilenlineal eingeschaltet, sehen Sie darin die Symbole für das Einrücken von Absätzen.

Sie sehen auf der linken Seite an der Spitze zusammenstoßende Dreiecke mit einem Rechteck darunter. Und auf der rechten Seite sehen Sie nur ein Dreieck.

Mit diesen Symbolen werden die Absätze eingerückt. Dabei hat jedes der einzelnen Symbole seine eigene Bedeutung.

Hinweis

Zeilenlineal einschalten

Sollte Ihr Zeilenlineal noch nicht eingeschaltet sein, klicken Sie auf die Registerkarte *Ansicht* und aktivieren das Kontrollkästchen *Lineal*.

Ganze Absätze einrücken

Schritt 1

Markieren Sie den Textabschnitt, der eingerückt werden soll.

Schritt 2

Ergreifen Sie mit der Maus das kleine Rechteck links im Zeilenlineal und ziehen Sie es bis an die gewünschte Position. Wundern Sie sich nicht, wenn auch die Dreiecke mitwandern.

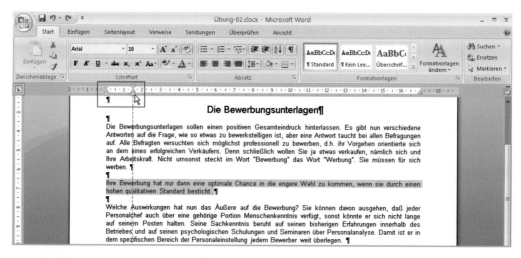

Damit haben Sie den gesamten Absatz eingerückt.

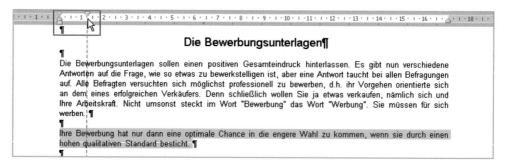

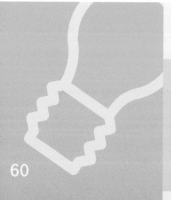

Tipp

Absatz markieren

Wenn Sie Absätze formatieren möchten, ist es nicht zwingend erforderlich, dass Sie die bezeichnete Textstelle (Absatz) markieren. Es genügt auch, einfach die Einfügemarke in den entsprechenden Absatz zu setzen. Stellen Sie aber sicher, dass die Einfügemarke im richtigen Absatz steht. Trotzdem werden wir zukünftig sagen, Sie sollen markieren. Es ist einfach sicherer.

Erste Zeile eines Absatzes einrücken

Schritt 1

Markieren Sie den Absatz, dessen erste Zeile Sie einrücken möchten.

Schritt 2

Ziehen Sie das obere Dreieck im Zeilenlineal nach rechts.

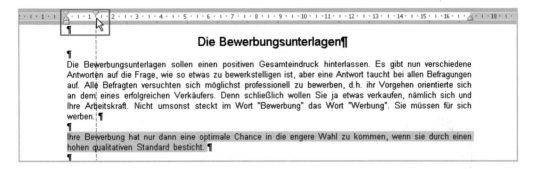

Damit haben Sie nun die erste Zeile dieses Absatzes eingerückt. Alles andere steht noch an der gleichen Position wie vorher.

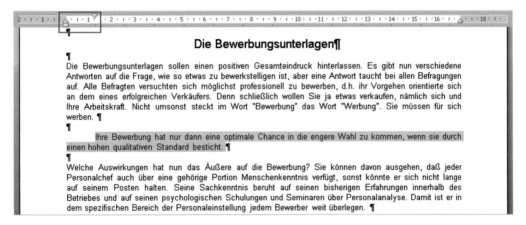

Hinweis

Das untere Dreieck können Sie einzeln schieben

Das untere Dreieck und Viereck werden nicht mit eingerückt.

Hängenden Einzug nutzen

Schritt 1

Markieren Sie wieder den entsprechenden Abschnitt im Text. Nehmen Sie nun das **untere** Dreieck auf der linken Seite des Zeilenlineals und ziehen Sie es nach rechts.

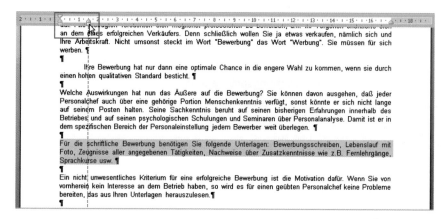

Schritt 2

Lassen Sie die Maus los. Nun haben Sie den ganzen Absatz eingerückt, ausschließlich der ersten Zeile. Diese steht noch immer an der ursprünglichen Position.

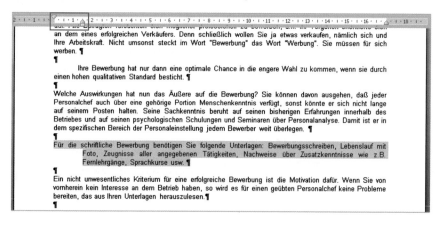

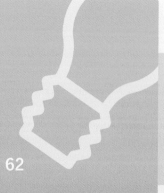

Hinweis

Wenn Sie das untere Dreieck ziehen

Wundern Sie sich nicht, dass das Rechteck mitgezogen wird.

So versehen Sie Texte mit Aufzählungszeichen

In umfangreichen Texten kommt es häufig vor, dass diese Elemente enthalten, die mit Aufzählungszeichen oder Nummerierungen versehen werden müssen.

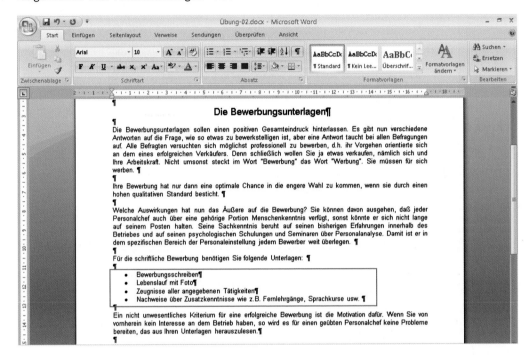

In Word 2007 ist das kein Problem!

Schritt 1

Markieren Sie alle Zeilen, für die Aufzählungszeichen angezeigt werden sollen.

Nummerierung und Gliederung

Word unterscheidet zwischen Nummerierung und Gliederung. Nummerierungen sind einfach Aufzählungen wie 1...2...3 etc.

Gliederungen tragen die Bezeichnung 1. 1.1 1.2 2. 2.1. etc. Den Gliederungen werden wir uns im nächsten Kapitel zuwenden. In Word 2007 heißt das: Liste mit verschiedenen Ebenen.

Schritt 2

Klicken Sie auf *Aufzählungszeichen*.

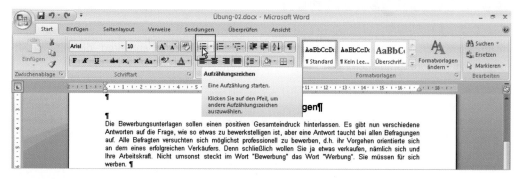

Schritt 3

Word hat den markierten Text nun mit neutralen Aufzählungszeichen versehen.

¶

Die Bewerbungsunterlagen¶

¶

Die Bewerbungsunterlagen sollen einen positiven Gesamteindruck hinterlassen. Es gibt nun verschiedene Antworten auf die Frage, wie so etwas zu bewerkstelligen ist, aber eine Antwort taucht bei allen Befragungen auf. Alle Befragten versuchten sich möglichst professionell zu bewerben, d.h. ihr Vorgehen orientierte sich an dem eines erfolgreichen Verkäufers. Denn schließlich wollen Sie ja etwas verkaufen, nämlich sich und Ihre Arbeitskraft. Nicht umsonst steckt im Wort "Bewerbung" das Wort "Werbung". Sie müssen für sich werben. ¶

Ihre Bewerbung hat nur dann eine optimale Chance in die engere Wahl zu kommen, wenn sie durch einen hohen qualitativen Standard besticht. ¶

Welche Auswirkungen hat nun das Äußere auf die Bewerbung? Sie können davon ausgehen, daß jeder Personalchef auch über eine gehörige Portion Menschenkenntnis verfügt, sonst könnte er sich nicht lange auf seinem Posten halten. Seine Sachkenntnis beruht auf seinen bisherigen Erfahrungen innerhalb des Betriebes und auf seinen psychologischen Schulungen und Seminaren über Personalanalyse. Damit ist er in dem spezifischen Bereich der Personaleinstellung jedem Bewerber weit überlegen. ¶

Für die schriftliche Bewerbung benötigen Sie folgende Unterlagen: ¶

- Bewerbungsschreiben¶
- Lebenslauf mit Foto¶
- Zeugnisse aller angegebenen Tätigkeiten¶
- Nachweise über Zusatzkenntnisse wie z.B. Fernlehrgänge, Sprachkurse usw. ¶

Ein nicht unwesentliches Kriterium für eine erfolgreiche Bewerbung ist die Motivation dafür. Wenn Sie von vornherein kein Interesse an dem Betrieb haben, so wird es für einen geübten Personalchef keine Probleme bereiten, das aus Ihren Unterlagen herauszulesen.¶

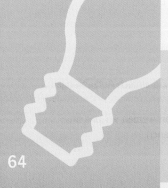

Hinweis

Aufzählungen immer erst nachträglich?

Nein, Sie können den Text schon während der Eingabe mit Aufzählungszeichen versehen. Setzen Sie dazu die Einfügemarke an die Stelle, an der mit den Aufzählungszeichen begonnen werden soll, und klicken Sie auf das entsprechende Symbol. Wenn Sie dann keine Aufzählungszeichen mehr möchten, klicken Sie nochmals auf das entsprechende Symbol.

So ändern Sie Nummerierungssymbole

Schritt 1

Klicken Sie, nachdem Sie eventuell wieder neu markiert haben, auf das Dreieck neben den Aufzählungszeichen.

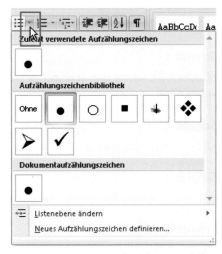

Schritt 2

Wählen Sie hier das gewünschte Aufzählungszeichen aus. Sollte auch da nichts für Sie drin sein, wählen Sie *Neues Aufzählungszeichen definieren*, und so gehen Sie zu Schritt 3.

Schritt 3

Nun wird ein neues Fenster geöffnet. Hier sehen Sie, dass Sie sowohl neue Symbole angezeigt bekommen als auch die Möglichkeit haben, ein Bild als Aufzählungszeichen zu benutzen. Kümmern wir uns zunächst um die neuen Symbole. Klicken Sie also jetzt auf *Symbol*.

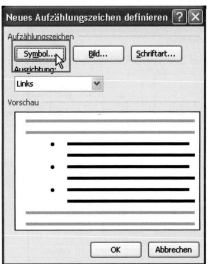

Schritt 4

Das folgende Fenster bietet Ihnen nun eine Fülle neuer Aufzählungszeichen.

Hinweis

Finden Sie hier tatsächlich nichts

Oder möchten Sie vielleicht sogar Ihr Familienwappen als Aufzählungszeichen benutzen, so ist das auch kein Problem. In so einem Fall fügen Sie ein Bild ein, so wie wir es im folgenden Abschnitt tun werden.

So fügen Sie Bilder als Aufzählungszeichen ein

Bilder sind als Aufzählungszeichen wunderbar geeignet, sofern das Bild etwas mit dem entsprechenden Text zu tun hat.

Schritt 1

Markieren Sie wieder den Text, der die Aufzählungszeichen erhalten soll.

Schritt 2

Klicken Sie auf das Dreieck neben den Aufzählungszeichen.

Schritt 3

Wählen Sie *Neues Aufzählungszeichen definieren*.

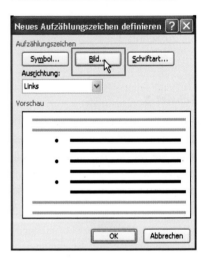

Schritt 4

Klicken Sie nun auf *Bild*.

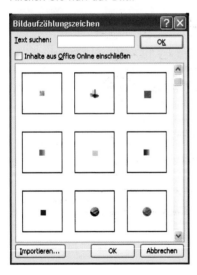

Schritt 5

Sie erhalten zunächst ein Word-Fenster, in dem Sie einige ClipArt-Bilder angezeigt bekommen.

Aber sofern Sie auch diese Bilder nicht vom Hocker reißen, klicken Sie auf *Importieren*.

Hinweis

Was muss ich beim Bild beachten?

Eigentlich nichts. Sie sollten nur sicher sein, dass es schon auf Ihrer Festplatte abgespeichert ist. Sie können das Bild aus dem Internet holen (Copyright beachten!) oder auch mit PowerPoint oder Ihrer Digitalkamera aufnehmen.

Schritt 6

Nun gehen Sie in den Ordner, in dem sich das gewünschte Bild befindet, klicken es an und klicken dann auf *Hinzufügen*.

Schritt 7

Word hat es nun Ihrer Aufzählungsbibliothek hinzugefügt. Bestätigen Sie das Fenster und Sie sehen die Vorschau.

Schritt 8

Bestätigen Sie das Fenster und Sie haben die Aufzählungszeichen in Ihrem Dokument.

Tipp

Bitte nehmen Sie keine Fotos

Nehmen Sie keine Fotos als Aufzählungssymbole, denn die Symbole werden natürlich sehr klein und das, was auf Ihren supertollen Fotos zu sehen ist, wäre deshalb kaum zu erkennen.

So versehen Sie Texte mit Nummerierungen

Manchmal ist es aber dringend nötig, keine neutralen, sondern wirklich nummerierte Aufzählungen zu benutzen. Auch das ist bei Word 2007 kein Problem.

Schritt 1

Markieren Sie die Textteile, die Sie nummerieren möchten.

Schritt 2

Klicken Sie auf *Nummerierung*.

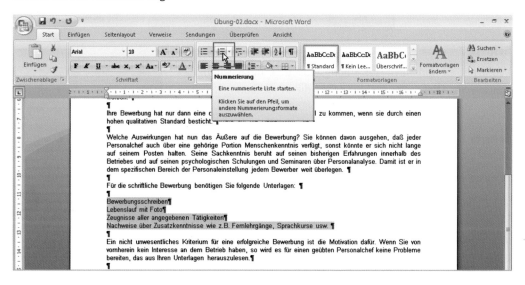

Schritt 3

Durch diesen Klick wurde Ihr markierter Text nun mit einer Nummerierung versehen.

Die Bewerbungsunterlagen¶

¶
Die Bewerbungsunterlagen sollen einen positiven Gesamteindruck hinterlassen. Es gibt nun verschiedene Antworten auf die Frage, wie so etwas zu bewerkstelligen ist, aber eine Antwort taucht bei allen Befragungen auf. Alle Befragten versuchten sich möglichst professionell zu bewerben, d.h. ihr Vorgehen orientierte sich an dem eines erfolgreichen Verkäufers. Denn schließlich wollen Sie ja etwas verkaufen, nämlich sich und Ihre Arbeitskraft. Nicht umsonst steckt im Wort "Bewerbung" das Wort "Werbung". Sie müssen für sich werben. ¶
¶
Ihre Bewerbung hat nur dann eine optimale Chance in die engere Wahl zu kommen, wenn sie durch einen hohen qualitativen Standard besticht. ¶
¶
Welche Auswirkungen hat nun das Äußere auf die Bewerbung? Sie können davon ausgehen, daß jeder Personalchef auch über eine gehörige Portion Menschenkenntnis verfügt, sonst könnte er sich nicht lange auf seinem Posten halten. Seine Sachkenntnis beruht auf seinen bisherigen Erfahrungen innerhalb des Betriebes und auf seinen psychologischen Schulungen und Seminaren über Personalanalyse. Damit ist er in dem spezifischen Bereich der Personaleinstellung jedem Bewerber weit überlegen. ¶
¶
Für die schriftliche Bewerbung benötigen Sie folgende Unterlagen: ¶
¶
    1.   Bewerbungsschreiben¶
    2.   Lebenslauf mit Foto¶
    3.   Zeugnisse aller angegebenen Tätigkeiten¶
    4.   Nachweise über Zusatzkenntnisse wie z.B. Fernlehrgänge, Sprachkurse usw. ¶
¶
Ein nicht unwesentliches Kriterium für eine erfolgreiche Bewerbung ist die Motivation dafür. Wenn Sie von vornherein kein Interesse an dem Betrieb haben, so wird es für einen geübten Personalchef keine Probleme bereiten, das aus Ihren Unterlagen herauszulesen.¶
¶

Auch hier haben Sie die Chance, verschiedene Nummerierungs-stile auszuwählen. Klicken Sie dazu auf das Dreieck neben dem Symbol für die Nummerierung.

Wählen Sie durch Klick Ihren Stil aus.

Denken Sie noch einmal daran, dass Nummerierungen keine Gliederungen sind.

Nummerierungen mit mehr als 10 Posten

Haben Sie nun aber mehr als 10 Posten, die zu nummerieren sind, sieht das Ergebnis nicht mehr so schön aus.

Störend wirkt hier, dass die Nummerierungen alle linksbündig angeordnet sind. Bei einstelligen Nummerierungen ist das kein Problem, aber bei mehrstelligen schon.

Schritt 1

Markieren Sie wieder Ihre Nummerierungen.

Schritt 2

Wählen Sie das Dreieck neben dem Nummerierungssymbol.

Schritt 3

Wählen Sie *Neues Zahlenformat definieren*.

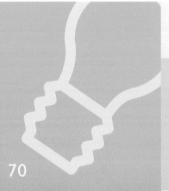

Merke

Nummerierungen bei neuen Dokumenten

Word wird standardmäßig auch bei neuen Dokumenten die Aufzählungszeichen linksbündig setzen.

Schritt 4

Nun klicken Sie bei *Ausrichtung* auf den kleinen Pfeil, klappen damit die Listbox nach unten und wählen den Befehl *Rechts*.

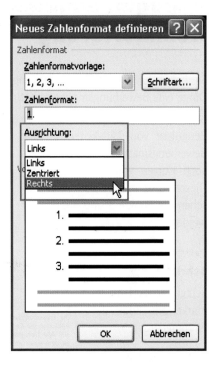

Schritt 5

Bestätigen Sie mit *OK*. Word hat nun sofort die Nummerierungen rechtsbündig gemacht.

1.	Hose¶
2.	Hemd¶
3.	Jacke¶
4.	Pullover¶
5.	Socken¶
6.	Schuhe¶
7.	Handschuhe¶
8.	Unterwäsche¶
9.	Winterjacke¶
10.	Schal¶
11.	Rucksack¶

Merke

Rechtsbündige Nummerierung bei neuen Dokumenten

Sollten Sie innerhalb des gleichen Dokuments eine weitere Aufzählung machen, werden auch diese Zahlen rechtsbündig geschrieben. Beginnen Sie aber ein neues Dokument, benutzt Word wieder die Standardausrichtung für Nummerierungen, also linksbündig.

Einfügen neuer Textelemente in eine Nummerierung

Sie haben für ein Bewerbungstraining einen kleinen Text verfasst, in dem Sie aufzählen, welche Dinge eine Bewerbungsmappe benötigt.

Nun fällt Ihnen ein, dass nicht nur Zeugnisse von Tätigkeiten in eine Bewerbungsmappe gehören, sondern auch Kopien von Schulzeugnissen. Dieser Punkt müsste also noch zwischen die Punkte 3 und 4 eingefügt werden.

> 1. Bewerbungsschreiben,
> 2. Lebenslauf mit Foto,
> 3. Zeugnisse aller angegebenen Tätigkeiten,
> 4. Nachweise über Zusatzkenntnisse wie z.B. Fernlehrgänge,
> 5. Sprachkurse usw.

Schritt 1

Setzen Sie die Einfügemarke ans Ende der Nummerierung 3.

Die Bewerbungsunterlagen¶

¶
Die Bewerbungsunterlagen sollen einen positiven Gesamteindruck hinterlassen. Es gibt nun verschiedene Antworten auf die Frage, wie so etwas zu bewerkstelligen ist, aber eine Antwort taucht bei allen Befragungen auf. Alle Befragten versuchten sich möglichst professionell zu bewerben, d.h. ihr Vorgehen orientierte sich an dem eines erfolgreichen Verkäufers. Denn schließlich wollen Sie ja etwas verkaufen, nämlich sich und Ihre Arbeitskraft. Nicht umsonst steckt im Wort "Bewerbung" das Wort "Werbung". Sie müssen für sich werben. ¶
¶
Ihre Bewerbung hat nur dann eine optimale Chance in die engere Wahl zu kommen, wenn sie durch einen hohen qualitativen Standard besticht. ¶
¶
Welche Auswirkungen hat nun das Äußere auf die Bewerbung? Sie können davon ausgehen, daß jeder Personalchef auch über eine gehörige Portion Menschenkenntnis verfügt, sonst könnte er sich nicht lange auf seinem Posten halten. Seine Sachkenntnis beruht auf seinen bisherigen Erfahrungen innerhalb des Betriebes und auf seinen psychologischen Schulungen und Seminaren über Personalanalyse. Damit ist er in dem spezifischen Bereich der Personaleinstellung jedem Bewerber weit überlegen. ¶
¶
Für die schriftliche Bewerbung benötigen Sie folgende Unterlagen: ¶
¶
> 1. Bewerbungsschreiben¶
> 2. Lebenslauf mit Foto¶
> 3. Zeugnisse aller angegebenen Tätigkeiten¶
> 4. ¶
> 5. Nachweise über Zusatzkenntnisse wie z.B. Fernlehrgänge, Sprachkurse usw. ¶

Ein nicht unwesentliches Kriterium für eine erfolgreiche Bewerbung ist die Motivation dafür. Wenn Sie von vornherein kein Interesse an dem Betrieb haben, so wird es für einen geübten Personalchef keine Probleme bereiten, das aus Ihren Unterlagen herauszulesen.¶

Schritt 2

Drücken Sie dann die
[Enter]-Taste.

Hinweis

Gilt auch für Aufzählungszeichen

Das, was hier erläutert wird, gilt nicht nur für Nummerierungen, sondern in gleicher Weise auch für Aufzählungen.

Word hat nun eine neue Zeile und eine neue Nummerierung eingefügt. Gleichzeitig wurde alles neu nummeriert. Wenn Sie also mit dieser automatischen Nummerierung arbeiten, brauchen Sie sich um neue Nummern nicht mehr zu kümmern. Es geschieht alles fast automatisch.

Schritt 3

Tragen Sie nun den neuen Text „Schulzeugnisse" ein.

Die Bewerbungsunterlagen¶

¶

Die Bewerbungsunterlagen sollen einen positiven Gesamteindruck hinterlassen. Es gibt nun verschiedene Antworten auf die Frage, wie so etwas zu bewerkstelligen ist, aber eine Antwort taucht bei allen Befragungen auf. Alle Befragten versuchten sich möglichst professionell zu bewerben, d.h. ihr Vorgehen orientierte sich an dem eines erfolgreichen Verkäufers. Denn schließlich wollen Sie ja etwas verkaufen, nämlich sich und Ihre Arbeitskraft. Nicht umsonst steckt im Wort "Bewerbung" das Wort "Werbung". Sie müssen für sich werben. ¶

¶

Ihre Bewerbung hat nur dann eine optimale Chance in die engere Wahl zu kommen, wenn sie durch einen hohen qualitativen Standard besticht. ¶

¶

Welche Auswirkungen hat nun das Äußere auf die Bewerbung? Sie können davon ausgehen, daß jeder Personalchef auch über eine gehörige Portion Menschenkenntnis verfügt, sonst könnte er sich nicht lange auf seinem Posten halten. Seine Sachkenntnis beruht auf seinen bisherigen Erfahrungen innerhalb des Betriebes und auf seinen psychologischen Schulungen und Seminaren über Personalanalyse. Damit ist er in dem spezifischen Bereich der Personaleinstellung jedem Bewerber weit überlegen. ¶

¶

Für die schriftliche Bewerbung benötigen Sie folgende Unterlagen: ¶

¶

    1. Bewerbungsschreiben¶
    2. Lebenslauf mit Foto¶
    3. Zeugnisse aller angegebenen Tätigkeiten¶
    4. Schulzeugnisse¶
    5. Nachweise über Zusatzkenntnisse wie z.B. Fernlehrgänge, Sprachkurse usw. ¶

¶

Ein nicht unwesentliches Kriterium für eine erfolgreiche Bewerbung ist die Motivation dafür. Wenn Sie von vornherein kein Interesse an dem Betrieb haben, so wird es für einen geübten Personalchef keine Probleme bereiten, das aus Ihren Unterlagen herauszulesen.¶

Tipp

-Taste zweimal drücken

Sie haben sicher bemerkt, dass Nummerierungen oder Aufzählungen immer etwas eingerückt werden. Wenn Sie nun hinter einem Nummerierungs- oder Aufzählungssymbol zweimal die (Enter)-Taste drücken, fügt Word eine neue Zeile, ohne Aufzählungszeichen, ein. Diese Zeile beginnt dann aber am linken Rand.

Neue Zeile, aber ohne Nummerierung

Nun könnte Ihnen der Gedanke kommen, dass nur die Zeugnisse der letzten Jahre relevant sind und nicht die von der Grundschule vor vielen Jahren. Wenn Sie sich aber nun hinter den Punkt 4 setzen und die [Enter]-Taste drücken, wird eine weitere Nummer erzeugt, was in diesem Fall aber nicht gewünscht ist, denn Sie wollen keinen weiteren Punkt, sondern nur einen kurzen Text zu diesem Punkt schreiben.

Klicken Sie hinter die Nummer 4. Halten Sie die [Umschalt]-Taste fest und drücken Sie die [Enter]-Taste.

¶
Welche Auswirkungen hat nun das Äußere auf die Bewerbung? Sie können davon ausgehen, daß jeder Personalchef auch über eine gehörige Portion Menschenkenntnis verfügt, sonst könnte er sich nicht lange auf seinem Posten halten. Seine Sachkenntnis beruht auf seinen bisherigen Erfahrungen innerhalb des Betriebes und auf seinen psychologischen Schulungen und Seminaren über Personalanalyse. Damit ist er in dem spezifischen Bereich der Personaleinstellung jedem Bewerber weit überlegen. ¶
¶
Für die schriftliche Bewerbung benötigen Sie folgende Unterlagen: ¶
¶

1. Bewerbungsschreiben¶
2. Lebenslauf mit Foto¶
3. Zeugnisse aller angegebenen Tätigkeiten¶
4. Schulzeugnisse↵
   ¶
5. Nachweise über Zusatzkenntnisse wie z.B. Fernlehrgänge, Sprachkurse usw. ¶

¶
Ein nicht unwesentliches Kriterium für eine erfolgreiche Bewerbung ist die Motivation dafür. Wenn Sie von vornherein kein Interesse an dem Betrieb haben, so wird es für einen geübten Personalchef keine Probleme bereiten, das aus Ihren Unterlagen herauszulesen.¶
¶

Word hat Ihnen nun eine neue Zeile eingefügt, aber ohne eine neue Nummerierungszahl.

1. Bewerbungsschreiben¶
2. Lebenslauf mit Foto¶
3. Zeugnisse aller angegebenen Täti
4. Schulzeugnisse↵
   ¶
5. Nachweise über Zusatzkenntnisse

Nichtdruckbares Sonderzeichen, das angibt, das Sie zwar eine neue Zeile beginnen, aber kein Aufzählungszeichen möchten

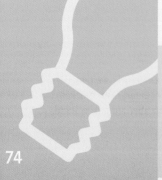

5

Kleine Tabellen erstellen – das Verwenden von Tabulatoren

Welche Tabulatoren gibt es?

Wir sagten bereits mehrfach, dass Sie niemals Einrückungen mit der (Leertaste) machen sollten. Das heißt natürlich auch, dass Sie bei kleinen Tabellen ebenfalls keine Leerzeichen zum Einrücken benutzen sollten. Für Tabellen gibt es zwei mächtige Instrumente: zum einen die Tabulatoren und zum anderen die Tabellenfunktion.

In diesem Kapitel beschäftigen wir uns mit den Tabulatoren.

Die Tabulatoren finden Sie ganz links vor Ihrem Lineal. Es gibt vier wichtige Tabulatoren. Ihre Wirkung sehen Sie in der folgenden Tabelle.

Tabulator	Bezeichnung	Wirkung
⌞	linksbündig	Haus Garten Zaun
⊥	zentriert	Haus Garten Zaun
⌟	rechtsbündig	Haus Garten Zaun
⊥	dezimaler Tabulator -> setzt bei Dezimalzahlen die Kommas untereinander	1,23 123,45 1,2345

Wie benutzt man Tabulatoren?

Schritt 1

Geben Sie die folgenden Zeilen in ein Word-Dokument ein:

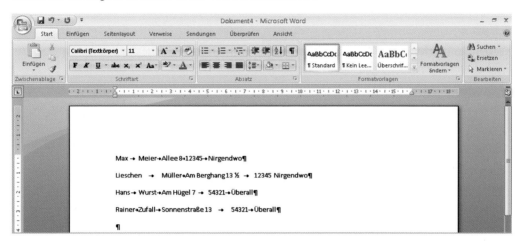

Dabei bedeutet der Pfeil, dass Sie an dieser Stelle jeweils **einmal** die ⟨Tab⟩-Taste auf Ihrer Tastatur drücken müssen. Drücken Sie die ⟨Tab⟩-Taste nur einmal, auch wenn die Texte trotzdem nicht untereinander stehen.

Schritt 2

Markieren Sie alle vier Zeilen.

Max →	Meier→Allee 8→12345→Nirgendwo¶			
Lieschen →	Müller→Am Berghang 13 ½ →	12345 Nirgendwo¶		
Hans→ Wurst→Am Hügel 7 →	54321→Überall¶			
Rainer→Zufall→Sonnenstraße 13 →	54321→Überall¶			
¶				

Merke

Die kleinen Pfeile zwischen den Wörtern

Die kleinen Pfeile zeigen Ihnen, dass Sie einmal die ⟨Tab⟩-Taste gedrückt haben. Erscheinen einmal in einem Wort zwei dieser Pfeile, heißt das, dass Sie zweimal die ⟨Tab⟩-Taste gedrückt haben. Aber wenn Sie Tabstopps (also Tabulatoren) setzen, sollten Sie nur einmal die ⟨Tab⟩-Taste drücken.

Hinweis

Für kleine Tabellen gut

Wenn Sie eine kleine Tabelle haben, können Sie Tabulatoren recht gut einsetzen. Für große und umfangreiche Tabellen sollten Sie aber die Tabellenfunktion nehmen, die wir im nächsten Kapitel besprechen.

Schritt 3

Klicken Sie auf die Tabulatoren, bis Sie den linksbündigen Tabulator haben.

Schritt 4

Klicken Sie (**nicht den Tabulator ziehen!!!**) im horizontalen Lineal auf ungefähr 2,5. Das Symbol für den linksbündigen Tabulator erscheint.

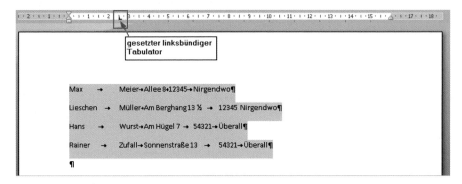

Schritt 5

In gleicher Weise setzen Sie nun vier Tabulatoren. Wie Sie sehen, hat Word Ihre Tabelle nun wunderschön aufgeteilt.

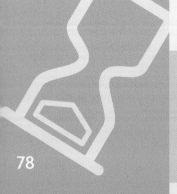

Hinweis

Werden diese seltsamen Pfeile beim Drucken mitgedruckt?

Nein, keine Angst, diese Pfeile zeigen Ihnen nur, wie oft Sie die Tab-Taste gedrückt haben. Sie werden aber im Ausdruck nicht zu sehen sein, Sie sehen sie nur am Bildschirm. Etwas später zeige ich Ihnen, wie man diese nicht druckbaren Sonderzeichen aus- und einschaltet.

Tabulatoren einfach verschieben

Schritt 1

Dazu markieren Sie die gesamte Tabelle.

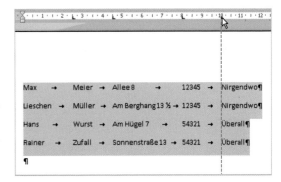

Schritt 2

Klicken Sie den Tabulator, den Sie verschieben möchten, mit der linken Maustste an und schieben Sie den Tabulator bei gedrückter Maustaste an die gewünschte Position.

Schritt 3

Word hat nun den Tabulator an die andere Position gesetzt und die Tabelle entsprechend neu ausgerichtet.

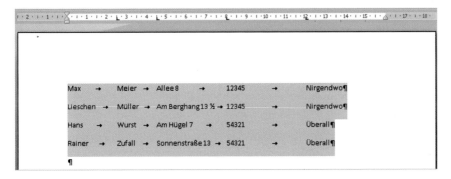

Wie Sie sich sicher vorstellen können, ist es sehr umständlich, auf diese Art größere tabellarische Strukturen zu erstellen. Zum einen wäre es wohl praktischer, einzelne Posten schnell und einfach markieren und separat bearbeiten und formatieren zu können, und zum anderen kommt diese Methode schnell an ihre Grenzen, wenn zum Beispiel der Inhalt einer Position die vorhergesehene Breite überschreitet. In diesem Fall wäre es praktischer, wenn automatisch umbrochen würde. Das aber können Tabulatoren nicht.

Achtung

Verschieben des Tabulators

Schieben Sie den Tabulator nicht aus dem Zeilenlineal, denn damit würden Sie ihn löschen. Das heißt aber auch, wenn Sie einen Tabulator wieder löschen möchten, schieben Sie ihn einfach aus dem Lineal heraus und lassen ihn dann los.

Merke

Löschen eines Tabulators

Sie müssen zum Löschen eines Tabulators diesen nicht unbedingt nach unten aus dem Lineal schieben, Sie können ihn auch nach oben aus dem Lineal schieben. Hauptsache, Sie schieben ihn aus dem Lineal.

Löschen von Tabulatoren

Schritt 1

Markieren Sie Ihre gesamte Tabelle.

Schritt 2

Klicken Sie den Tabulator, der gelöscht werden soll, mit der linken Maustaste an und ziehen Sie ihn einfach aus dem Zeilenlineal hinaus.

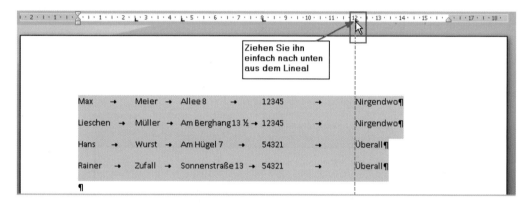

Ziehen Sie ihn einfach nach unten aus dem Lineal

Max	→	Meier	→	Allee 8	→	12345	→	Nirgendwo¶
Lieschen	→	Müller	→	Am Berghang 13 ½	→	12345	→	Nirgendwo¶
Hans	→	Wurst	→	Am Hügel 7	→	54321	→	Überall¶
Rainer	→	Zufall	→	Sonnenstraße 13	→	54321	→	Überall¶
¶								

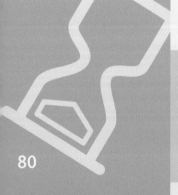

Glossar

Was sind nicht druckbare Sonderzeichen?

In der Regel werden alle Zeichen, die zu einem Text gehören, gedruckt. Außer natürlich irgendwelche Steuerzeichen, wie z. B. das Absatzzeichen oder die Tab-Taste. Diese Zeichen dienen der Formatierung des Textes und sind deshalb sogenannte nicht druckbare Sonderzeichen. Zu sehen sind sie deshalb nur am Bildschirm. Und selbst da kann man sie ausschalten, falls sie stören.

6

Für umfangreiche Tabellen – die Gruppe Tabelle einsetzen

Vom Hoch- zum Querformat wechseln

In diesem Kapitel wird Ihnen gezeigt, wie Sie mit der Tabellenfunktion eine kleine Warenbestands-liste anlegen können. Das Beispiel selbst wird zwar überschaubar klein bleiben, die Tabelle kann aber wesentlich umfassender und komplexer als in diesem Beispiel sein.

Folgende Informationen sollen in der Tabelle aufgeführt werden: Artikelnummer, Produktname, Hersteller, Beschreibung, Gruppe, Bestand, Einheit, Lagerort und Preis. Wie Sie sich jetzt sicher denken können, werden so viele Spalten kaum Platz auf einer DIN-A4-Seite finden, daher werden wir die Seite nicht längs, sondern quer nehmen.

Schritt 1

Klicken Sie auf die Registerkarte *Seitenlayout*.

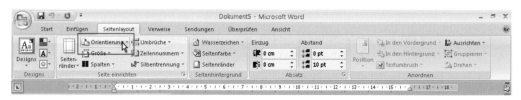

Schritt 2

Klicken Sie in der Gruppe *Seite einrichten* auf den Eintrag *Orientierung* und klicken Sie dort auf *Querformat*.

Hinweis

Hoch- und Querformat

In Word ist es auch möglich, sowohl Hoch- als auch Querformat in einem Doku-ment zu verwenden. Dazu müssen Sie einen sogenannten Abschnittsumbruch bei *Umbrüche* in der Registerkarte *Seitenlayout* einfügen. Abschnittsumbrüche sind aber eigentlich etwas für fortgeschrittene Word-Benutzer und deshalb werden wir in diesem Buch nicht weiter darauf eingehen.

Wie füge ich eine Tabelle in ein Dokument ein?

Kommen wir also jetzt zu unserem ursprünglichen Problem zurück, dem Erstellen einer Tabelle mithilfe der Tabellenfunktion. Sie brauchen neun Spaltenüberschriften und werden außerdem fünf Produkte einpflegen. Demnach benötigen Sie also zusammen mit der Zeile für die Spaltenüberschriften sechs Zeilen.

Schritt 1

Klicken Sie auf den Menüeintrag *Einfügen* und öffnen Sie dort das Fenster *Tabelle einfügen* durch Klicken auf das entsprechende Symbol.

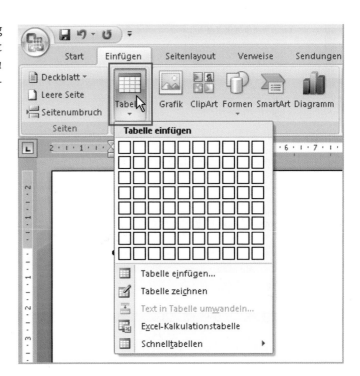

Merke

Muss ich tatsächlich meine Zeilenzahl abzählen?

Natürlich nicht, Sie können jederzeit weitere Zeilen und Spalten hinzufügen.

Schritt 2

Wandern Sie mit der Maus, ohne diese gedrückt zu halten, über die Quadrate bis zu der im Bild gezeigten Position. Erstellen Sie also eine neunspaltige, aber einzeilige Tabelle.

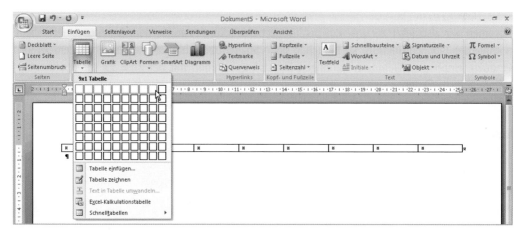

Schritt 3

Durch einfachen Klick auf die letzte Zelle in diesem Fenster wird die Tabelle nun endgültig generiert.

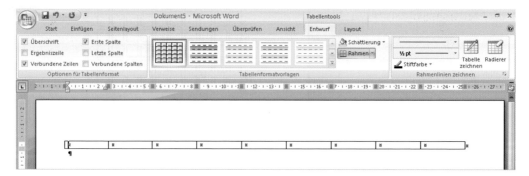

Hinweis

Das Markieren von Zellen, Zeilen und Spalten

Prinzipiell gilt, dass die Methode, die Sie zum Markieren von Text benutzen, auch für Tabellen gilt, allerdings verhält es sich dort manchmal ein wenig anders.

Das Markieren in einer Tabelle

Das Markieren einer Zelle

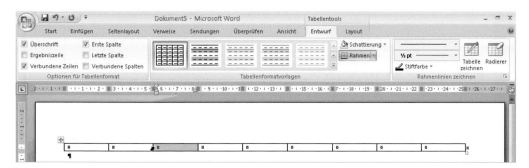

Der in der Abbildung markierte Teil ist eine Zelle. Unsere generierte Tabelle besteht aus insgesamt neun Zellen. Wir werden sie gleich vergrößern. Das Markieren funktioniert ähnlich wie das einer ganzen Zeile im normalen Text. Wandern Sie mit dem Mauszeiger in den linken Bereich einer Zelle, warten Sie, bis dieser ein schwarzer Pfeil wird, und klicken Sie anschließend.

Das Markieren einer Zeile

Das Markieren einer Zeile in der Tabelle funktioniert genauso wie das einer normalen Textzeile. Mauszeiger links positionieren, klicken!

Merke

Mit der Tastenkombination [Strg]+[A] markieren Sie alles, nicht nur eine Tabelle. Auch wenn Sie mit der Einfügemarke in einer Tabelle sind, wird mit dieser Tastenkombination alles (auch der Text) markiert. [Strg]+[A] ist also nicht geeignet, eine ganze Tabelle, und nur diese, zu markieren.

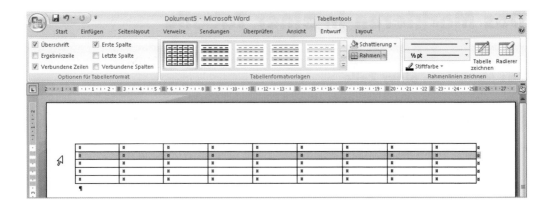

Das Markieren einer Spalte

Wandern Sie mit der Maus an den oberen Bereich der Spalte. Wenn Ihr Mauszeiger zu einem schwarzen Pfeil geworden ist, klicken Sie einmal die linke Maustaste.

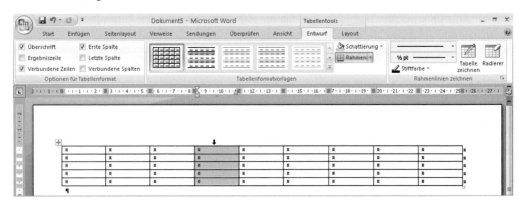

Tipp

Erst klicken, wenn Sie die richtigen Symbole sehen

Klicken Sie erst, wenn Sie tatsächlich den schwarzen oder weißen Pfeil sehen. Nur dann kann Word auch das markieren, was Sie wollen.

Das Ausfüllen der Tabelle

Nun wollen wir die Tabelle endlich mit Leben füllen.

Schritt 1

Setzen Sie die Einfügemarke in die erste Zelle und geben Sie die erste Spaltenüberschrift *Art.Nr.* ein.

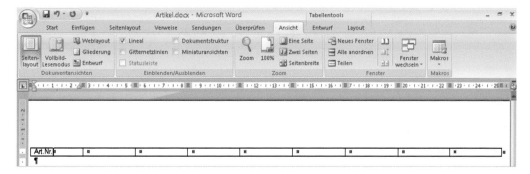

Schritt 2

Mithilfe der ⌨Tab-Taste wechseln Sie in die benachbarte Zelle (mit der ⌨Tab-Taste ist es einfacher und komfortabler, die Einfügemarke zu setzen als mit der Maus).

Schritt 3

Geben Sie, wie in der Abbildung zu sehen, die restlichen Spaltenüberschriften ein.

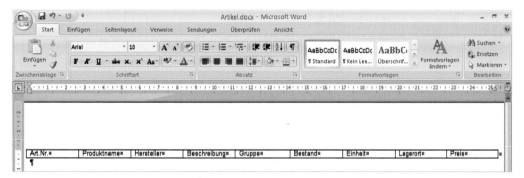

Tipp

Eine Zelle zurück

Um wieder eine Zelle zurückzuspringen, können Sie die Kombination ⌨Umschalt+⌨Tab verwenden.

Schritt 4

Nun haben Sie die letzte Zelle der ersten Zeile erreicht. Eine zweite Zeile muss her. Durch erneutes Drücken der [Tab]-Taste in der letzten Zelle bekommen Sie eine weitere Zeile angefügt und Word springt in die erste Zelle der nächsten Zeile.

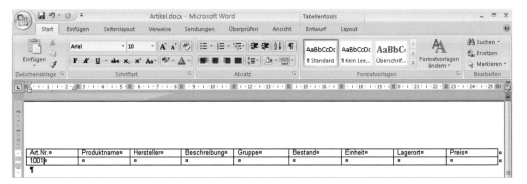

Schritt 5

Füllen Sie den Rest der Tabelle aus.

Art.Nr.¤	Produktname¤	Hersteller¤	Beschreibung¤	Gruppe¤	Bestand¤	Einheit¤	Lagerort¤	Preis¤	¤
1001¤	19" TFT Monitor¤	Monitos & Söhne¤	Der elegante Flachbildschirm für tolles Arbeiten, Spielen und Präsentieren¤	Bildschirme¤	4¤	Stk.¤	A1-B2¤	199,99¤	¤
1002¤	2 GB USB Stick¤	Speichermaier und Töchter¤	Der mobile Minispeicher mit viel Platz¤	Massenspeicher & USB-Sticks¤	10¤	Stk.¤	A1-C3¤	55,95¤	¤
1003¤	Optical Maus + Tastatur¤	Tastaturfritz¤	Das kompetente Team für bequemes Arbeiten¤	Eingabegeräte¤	5¤	Sets¤	B1-A1¤	29,00¤	¤
1004¤	Profi Drucker Nachfüll-Set¤	Druckmaxe¤	Keine teuren Druckpatronen mehr mit diesem praktischen Nachfüllset¤	Druckerbedarf¤	20¤	Liter¤	A2-C1¤	39,00¤	¤
1005¤	250 GB ext. Festplatte¤	Speichermaier und Töchter¤	Die mobile Lösung für hohen Speicherbedarf¤	Massenspeicher & USB-Sticks¤	1¤	Stk.¤	A1-B2¤	89,99¤	¤

Tipp

[Tab] **und** [Umschalt]+[Tab]

Mit diesen beiden Tasten kommen Sie in die nächste oder vorherige Zelle.
Mit der [Enter]-Taste kommen Sie in einer Zelle eine Zeile tiefer.
Damit erzeugen Sie also einen Absatz in einer Zelle.

Die Tabelle formatieren

Sie können jede Zelle einer Tabelle so formatieren, wie Sie es bei „normalen" Texten gewohnt sind. Wenn Sie die Überschriften z. B. fett gedruckt haben möchten, gehen Sie folgendermaßen vor.

Schritt 1

Markieren Sie die Zeile, die fett gedruckt werden soll.

Art.Nr.¤	Produktname¤	Hersteller¤	Beschreibung¤	Gruppe¤	Bestand¤	Einheit¤	Lagerort¤	Preis¤	¤
1001¤	19" TFT Monitor¤	Monitos & Söhne¤	Der elegante Flachbildschirm für tolles Arbeiten, Spielen und Präsentieren¤	Bildschirme¤	4¤	Stk.¤	A1-B2¤	199,99¤	¤
1002¤	2 GB USB Stick¤	Speichermaier und Töchter¤	Der mobile Minispeicher mit viel Platz¤	Massenspeicher & USB-Sticks¤	10¤	Stk.¤	A1-C3¤	55,95¤	¤
1003¤	Optical Maus + Tastatur¤	Tastaturfritz¤	Das kompetente Team für bequemes Arbeiten¤	Eingabegeräte¤	5¤	Sets¤	B1-A1¤	29,00¤	¤
1004¤	Profi Drucker Nachfüll-Set¤	Druckmaxe¤	Keine teuren Druckpatronen mehr mit diesem praktischen Nachfüllset¤	Druckerbedarf¤	20¤	Liter¤	A2-C1¤	39,00¤	¤
1005¤	250 GB ext. Festplatte¤	Speichermaier und Töchter¤	Die mobile Lösung für hohen Speicherbedarf¤	Massenspeicher & USB-Sticks¤	1¤	Stk.¤	A1-B2¤	89,99¤	¤

Schritt 2

Wählen Sie die Registerkarte *Start* und klicken Sie auf das F-Symbol.

Hinweis

Formatieren Sie, wie Sie es gewohnt sind

Ich zeige hier nur beispielhaft eine Zeichenformatierung, um aufzuzeigen, dass es genauso geht wie bei einem normalen Text.

Wie kann die Breite der einzelnen Spalten verändert werden?

Nun haben Sie sicher schon bemerkt, dass bei einigen Spalten die Spaltenbreite zu groß ist. Spalten wie Art.Nr., Bestand, Einheit etc. brauchen sicherlich weniger Platz für die Breite als z. B. die Artikelbeschreibung.

Schritt 1

Bewegen Sie die Maus auf die vertikale Linie zwischen *Art.Nr.* und *Produktname*.

Schritt 2

Ziehen Sie die Linie mit gehaltener Maustaste ein wenig nach links, wie auf der Abbildung zu sehen.

Schritt 3

Lassen Sie die Maustaste anschließend los. Sie sehen, dass Sie damit die Spalte kleiner gemacht haben und die folgende Spalte Platz gewonnen hat.

Tipp

Wenn Sie die Spaltenbreite ändern wollen

Achten Sie darauf, dass, wenn Sie die Spaltenbreite ändern möchten, keine Zelle markiert ist. Sollte eine Zelle markiert sein, wird nämlich nur diese eine Zelle vergrößert oder verkleinert.

Wie kann die Höhe der einzelnen Zeilen verändert werden?

Aufgrund der verschiedenen Informationen in einer Zeile, die zum Teil zwei- und dreizeilig vorliegen, haben die Zeilen unterschiedliche Höhen. Die Höhe einer Zeile ergibt sich also aus dem Inhalt der Zeile und der Schriftgröße. Da Word das also allein macht, brauchen Sie sich in der Regel nicht darum zu kümmern.

Wenn Sie aber möchten, dass jede Zeile die gleiche Höhe aufweist, gehen Sie folgendermaßen vor:

Schritt 1

Markieren Sie die komplette Tabelle.

Schritt 2

Klicken Sie mit der rechten Maustaste in die Tabelle und wählen Sie im erscheinenden Pop-up-Fenster den Punkt *Tabelleneigenschaften*.

Art.Nr.¤	Produktname¤	Hersteller¤	Beschreibung¤	Gruppe¤	Bestand¤	Einheit¤	Lagerort¤	Preis¤
1001¤	19" TFT Monitor¤	Monitos & Söhne¤	Der elegante Flachbildschirm für tolles Arbeiten, Spielen und Präsentieren¤	Bildschirme¤	4¤	Stk.¤	A1-B2¤	199,99¤
1002¤	2 GB USB Stick¤	Speichermaier und Töchter¤	Der m... Minis... mit vi...			Stk.¤	A1-C3¤	55,95¤
1003¤	Optical Maus + Tastatur¤	Tastaturfritz¤	Das kom... Team beque... Arbei...			Sets¤	B1-A1¤	29,00¤
1004¤	Profi Drucker Nachfüll-Set¤	Druckmaxe¤	Keine Druck... mehr diese... prakti... Nachf...			Liter¤	A2-C1¤	39,00¤
1005¤	250 GB ext. Festplatte¤	Speichermaier und Töchter¤	Die m... Lösu... hohe... Speicherbedarf¤			Stk.¤	A1-B2¤	89,99¤

Pop-up-Menü:
- Ausschneiden
- Kopieren
- Einfügen
- Einfügen ▶
- Zellen verbinden
- Zeilen gleichmäßig verteilen
- Spalten gleichmäßig verteilen
- Tabelle zeichnen
- Rahmen und Schattierung...
- Zellausrichtung ▶
- AutoAnpassen ▶
- Beschriftung einfügen...
- Tabelleneigenschaften...

Glossar

Was ist ein Pop-up-Fenster?

Ein Pop-up-Fenster ist ein Fenster, das immer dann erscheint, wenn Sie mit der rechten Maustaste auf etwas klicken. In diesen Pop-up-Fenstern sind Befehle zu finden, die für das Objekt, auf das Sie geklickt haben, sinnvoll zu gebrauchen sind.

Schritt 3

Aktivieren Sie im erscheinenden Fenster die Registerkarte *Zeile*. Dann aktivieren Sie die Checkbox *Höhe definieren* durch einen kleinen Klick.

Schritt 4

Geben Sie im Feld daneben 1,5 cm ein und bestätigen Sie das Fenster durch Klick auf *OK*.

Glossar

Was ist eine Checkbox?

Eine Checkbox ist eine bestimmte Art von Befehl. Sie setzen durch Mausklick in der Regel nur ein Häkchen oder entfernen dieses Häkchen, um eine entsprechende Auswahl zu treffen.

Text soll vertikal in die Mitte gesetzt werden

Markieren Sie die Tabelle. Klicken Sie dann mit der **rechten** Maustaste auf die Tabelle. Wählen Sie nun den Eintrag *Zellausrichtung* und dort im aufklappenden Untermenü das Symbol für das Zentrieren in der Vertikalen.

Damit haben Sie nun den Text vertikal in der Mitte zentriert.

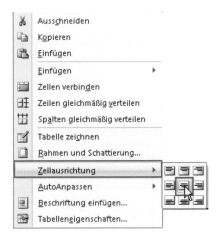

Art.Nr.¤	Produktname¤	Hersteller¤	Beschreibung¤	Gruppe¤	Bestand¤	Einheit¤	Lagerort¤	Preis¤
1001¤	19" TFT Monitor¤	Monitos & Söhne¤	Der elegante Flachbildschirm für tolles Arbeiten, Spielen und Präsentieren¤	Bildschirme¤	4¤	Stk.¤	A1-B2¤	199,99¤
1002¤	2 GB USB Stick¤	Speichermaier und Töchter¤	Der mobile Minispeicher mit viel Platz¤	Massenspeicher & USB-Sticks¤	10¤	Stk.¤	A1-C3¤	55,95¤
1003¤	Optical Maus + Tastatur¤	Tastaturfritz¤	Das kompetente Team für bequemes Arbeiten¤	Eingabegeräte¤	5¤	Sets¤	B1-A1¤	29,00¤
1004¤	Profi Drucker Nachfüll-Set¤	Druckmaxe¤	Keine teuren Druckpatronen mehr mit diesem praktischen Nachfüllset¤	Druckerbedarf¤	20¤	Liter¤	A2-C1¤	39,00¤
1005¤	250 GB ext. Festplatte¤	Speichermaier und Töchter¤	Die mobile Lösung für hohen Speicherbedarf¤	Massenspeicher & USB-Sticks¤	1¤	Stk.¤	A1-B2¤	89,99¤

Tipp

Text horizontal in die Mitte setzen

Das geht wie üblich über die entsprechenden Symbole der Multifunktionsleiste.

Eine Überschrift über mehrere Spalten

Nun wollen wir uns anschauen, wie man einzelne Zellen verbindet, um zum Beispiel eine Überschrift für zwei oder mehr Spalten zu definieren.

Preis	
ohne MwSt	mit MwSt

Anbieten würde sich dies in unserem Artikelbeispiel für die Spalten *Bestand* und *Einheit*, da hierfür lediglich die Überschrift *Bestand* relevant ist.

Schritt 1

Markieren Sie die beiden Zellen, wie in der Abbildung zu sehen.

Art.Nr.¤	Produktname¤	Hersteller¤	Beschreibung¤	Gruppe¤	Bestand¤	Einheit¤	Lagerort¤	Preis¤
1001¤	19" TFT Monitor¤	Monitos & Söhne¤	Der elegante Flachbildschirm für tolles Arbeiten, Spielen und Präsentieren¤	Bildschirme¤	4¤	Stk.¤	A1-B2¤	199,99¤
1002¤	2 GB USB Stick¤	Speichermaier und Töchter¤	Der mobile Minispeicher mit viel Platz¤	Massenspeicher & USB-Sticks¤	10¤	Stk.¤	A1-C3¤	55,95¤
1003¤	Optical Maus + Tastatur¤	Tastaturfritz¤	Das kompetente Team für bequemes Arbeiten¤	Eingabegeräte¤	5¤	Sets¤	B1-A1¤	29,00¤
1004¤	Profi Drucker Nachfüll-Set¤	Druckmaxe¤	Keine teuren Druckpatronen mehr mit diesem praktischen Nachfüllset¤	Druckerbedarf¤	20¤	Liter¤	A2-C1¤	39,00¤
1005¤	250 GB ext. Festplatte¤	Speichermaier und Töchter¤	Die mobile Lösung für hohen Speicherbedarf¤	Massenspeicher & USB-Sticks¤	1¤	Stk.¤	A1-B2¤	89,99¤

Tipp

Eine Überschrift über die gesamte Tabelle

Eine Überschrift über die gesamte Tabelle bekommen Sie am einfachsten, wenn Sie die Überschrift ganz klassisch in eine Zeile über der Tabelle schreiben und diese Zeile dann zentrieren.

Schritt 2

Klicken Sie mit der rechten Maustaste in den markierten Bereich und wählen Sie den Eintrag *Zellen verbinden*.

Schritt 3

Da beide Zellen mit einer Überschrift versehen waren, übernimmt Word nun beide Überschriften in die Zelle.

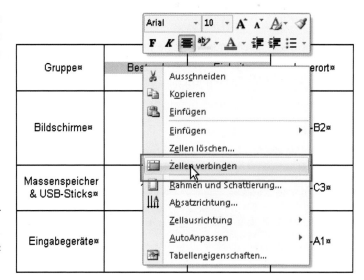

Entfernen Sie das Wort *Einheit* aus der verbundenen Zelle und ändern Sie gegebenenfalls die Breite der Spalten.

Art.Nr.	Produktname	Hersteller	Beschreibung	Gruppe	Bestand		Lagerort	Preis
1001	19" TFT Monitor	Monitos & Söhne	Der elegante Flachbildschirm für tolles Arbeiten, Spielen und Präsentieren	Bildschirme	4	Stk.	A1-B2	199,99
1002	2 GB USB Stick	Speichermaier und Töchter	Der mobile Minispeicher mit viel Platz	Massenspeicher & USB-Sticks	10	Stk.	A1-C3	55,95
1003	Optical Maus + Tastatur	Tastaturfritz	Das kompetente Team für bequemes Arbeiten	Eingabegeräte	5	Sets	B1-A1	29,00
1004	Profi Drucker Nachfüll-Set	Druckmaxe	Keine teuren Druckpatronen mehr mit diesem praktischen Nachfüllset	Druckerbedarf	20	Liter	A2-C1	39,00
1005	250 GB ext. Festplatte	Speichermaier und Töchter	Die mobile Lösung für hohen Speicherbedarf	Massenspeicher & USB-Sticks	1	Stk.	A1-B2	89,99

Tipp

Möchten Sie die Verbindung irgendwann einmal wieder aufheben?

Natürlich können Sie jederzeit eine verbundene Zelle wieder teilen. Sie müssen dazu nur die Zelle markieren, **rechte** Maustaste drücken und *Zellen teilen* auswählen.

Löschen von Spalten

Wenn wir diese Tabelle nun wie eine Rechnung behandeln wollen, sind die Lagerinformationen für den Kunden wenig sinnvoll. Wichtiger wären zwei weitere Spalten für Anzahl und Summe. Wie also können Sie Spalten löschen?

Schritt 1

Markieren Sie die Spalten, die gelöscht werden sollen.

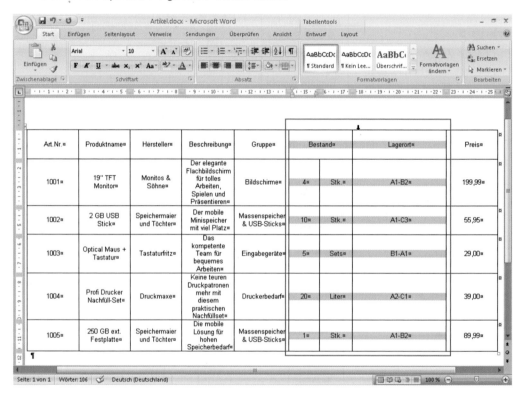

Tipp

Das Löschen von Spalten

Es gibt einen alternativen Weg. Klicken Sie einfach mit der rechten Maustaste in die Spalte, die Sie löschen möchten (Sie brauchen nicht zu markieren), und wählen Sie *Zellen löschen*. Es erscheint ein kleines Fenster mit verschiedenen Möglichkeiten, was gelöscht werden soll. Dort wählen Sie *Ganze Spalte löschen*.

Schritt 2

Art.Nr.	Produktname	Hersteller	Beschreibung	Gruppe	Bestand			Preis
1001	19" TFT Monitor	Monitos & Söhne	Der elegante Flachbildschirm für tolles Arbeiten, Spielen und Präsentieren	Bildschirme	4			199,99
1002	2 GB USB Stick	Speichermaier und Töchter	Der mobile Minispeicher mit viel Platz	Massenspeicher & USB-Sticks	10			55,95
1003	Optical Maus + Tastatur	Tastaturfritz	Das kompetente Team für bequemes Arbeiten	Eingabegeräte	5			29,00
1004	Profi Drucker Nachfüll-Set	Druckmaxe	Keine teuren Druckpatronen mehr mit diesem praktischen Nachfüllset	Druckerbedarf	20	Liter	A2-C1	39,00
1005	250 GB ext. Festplatte	Speichermaier und Töchter	Die mobile Lösung für hohen Speicherbedarf	Massenspeicher & USB-Sticks	1	Stk.	A1-B2	89,99

Kontextmenü:
- Ausschneiden
- Kopieren
- Einfügen
- Einfügen ▶
- Spalten löschen
- Zellen verbinden
- Zeilen gleichmäßig verteilen
- Spalten gleichmäßig verteilen
- Rahmen und Schattierung...
- Absatzrichtung...
- Zellausrichtung ▶
- AutoAnpassen ▶
- Tabelleneigenschaften...

Klicken Sie mit der rechten Maustaste in den markierten Teil und wählen Sie den Eintrag *Spalten löschen*.

Hinweis

Warum reicht nicht das Drücken der [Entf]-Taste?

Die [Entf] Taste würde nur den Inhalt der Zellen löschen, nicht aber die Zellen selbst. Um also auch die Struktur zu löschen, müssen Sie den gerade beschriebenen Weg gehen. Alternativ genügt auch ein Klick auf die Schere in der Registerkarte *Start*.

Hinzufügen von Spalten

Schritt 1

Klicken Sie mit der **rechten** Maustaste in eine beliebige Zelle der Preis-Spalte und öffnen Sie den Menüpunkt *Einfügen*.

Art.Nr.¤	Produktname¤	Hersteller¤	Beschreibung¤	Gruppe¤	Preis¤
1001¤	19" TFT Monitor¤	Monitos & Söhne¤	Der elegante Flachbildschirm für tolles Arbeiten Spielen un Präsentier		
1002¤	2 GB USB Stick¤	Speichermaier und Töchter¤	Der mobil Minispeich mit viel Pla		
1003¤	Optical Maus + Tastatur¤	Tastaturfritz¤	Das kompetente Team für bequemes Arbeiten¤	Eingabegeräte¤	29
1004¤	Profi Drucker Nachfüll-Set¤	Druckmaxe¤	Keine teuren Druckpatronen mehr mit diesem praktischen Nachfüllset¤	Druckerbedarf¤	39
1005¤	250 GB ext. Festplatte¤	Speichermaier und Töchter¤	Die mobile Lösung für hohen Speicherbedarf¤	Massenspeicher & USB-Sticks¤	89

Menü (Kontextmenü):

- Arial — 10 — $A^{\cdot}$ $A^{\cdot}$ A ▾
- F K ≡ aby ▾ A ▾ ⊯ ⊯ ≔ ▾

Linkes Untermenü:
- Spalten links einfügen
- Spalten rechts einfügen
- Zeilen oberhalb einfügen
- Zeilen unterhalb einfügen
- Zeilen einfügen...

Rechtes Menü:
- Ausschneiden
- Kopieren
- Einfügen
- Einfügen ▸
- Zellen löschen...
- Zellen teilen...
- Rahmen und Schattierung...
- Absatzrichtung...
- Zellausrichtung ▸
- AutoAnpassen ▸
- Tabelleneigenschaften...
- Aufzählungszeichen | ▸
- Nummerierung | ▸
- Hyperlink...
- Nachschlagen...
- Synonyme ▸
- Übersetzen ▸

Schritt 2

Im erscheinenden Menü entscheiden Sie sich, ob Sie eine Spalte oder Zeile links oder rechts einfügen möchten.

Hinweis

Zeilen und Spalten

Das Hinzufügen von Zeilen oder Spalten funktioniert nach dem gleichen Schema. Sie müssen nur die richtigen Zeilen oder Spalten markieren.

Art.Nr.	Produktname	Hersteller	Beschreibung	Gruppe		Preis	
1001	19" TFT Monitor	Monitos & Söhne	Der elegante Flachbildschirm für tolles Arbeiten, Spielen und Präsentieren	Bildschirme		199,99	
1002	2 GB USB Stick	Speichermaier und Töchter	Der mobile Minispeicher mit viel Platz	Massenspeicher & USB-Sticks		55,95	
1003	Optical Maus + Tastatur	Tastaturfritz	Das kompetente Team für bequemes Arbeiten	Eingabegeräte		29,00	
1004	Profi Drucker Nachfüll-Set	Druckmaxe	Keine teuren Druckpatronen mehr mit diesem praktischen Nachfüllset	Druckerbedarf		39,00	
1005	250 GB ext. Festplatte	Speichermaier und Töchter	Die mobile Lösung für hohen Speicherbedarf	Massenspeicher & USB-Sticks		89,99	

Schritt 3

Füllen Sie die neuen Spalten mit Inhalt und formatieren Sie sie.

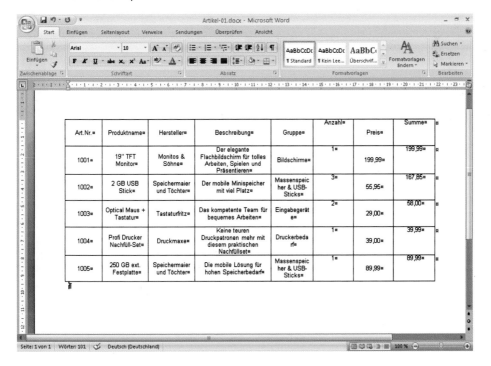

Hinweis

Einfügen von Spalten

Wenn Sie Spalten einfügen, wird Word die anderen Spalten so verkleinern, dass trotzdem alle Spalten sichtbar sind.

Hinzufügen von Zeilen am Tabellenende

Das Hinzufügen einer weiteren Zeile am Ende der Tabelle ist denkbar einfach.

Schritt 1

Setzen Sie den Cursor in die letzte Zelle der letzten Zeile.

Schritt 2

Drücken Sie dann die [Tab]-Taste, fügt Word eine weitere Zeile an das Ende der Tabelle an.

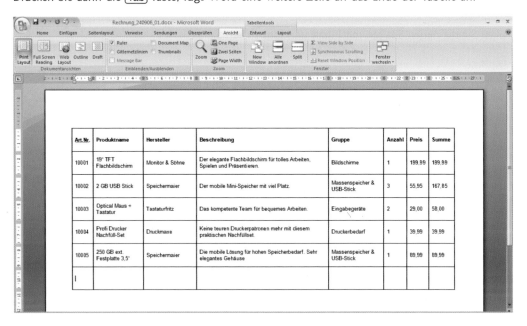

Hinweis

Sie brauchen Ihre Tabellenzeilen am Anfang nicht zu zählen

Sie haben gesehen, wie einfach es ist, weitere Zeilen am Ende einer Tabelle einzufügen. Sie müssen also nicht unbedingt beim Erstellen einer Tabelle schon die Menge der Zeilen mit angeben. Es genügt, eine oder zwei Zeilen zu machen und den Rest mit der [Tab]-Taste hinzuzufügen.

Hinzufügen von Zeilen innerhalb der Tabelle

Schritt 1

Klicken Sie mit der **rechten** Maustaste in die Zeile, zu der Sie ober- oder unterhalb eine neue Zeile hinzufügen möchten, und wählen Sie im Pop-up-Fenster den Eintrag *Zeilen oberhalb einfügen* bzw. *Zeilen unterhalb einfügen*.

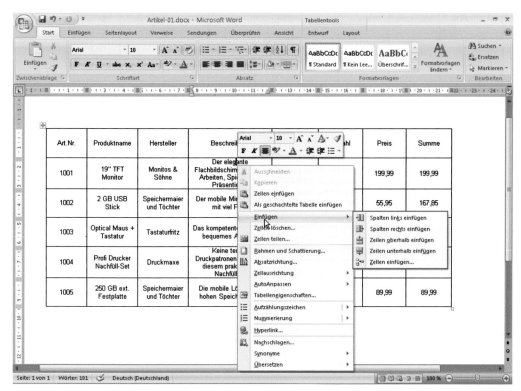

Hinweis

Sortieren

Auf Seite 107 werden Sie schon, wie man solche Tabellen in Word sortieren kann. Sie sollten aber hier schon daran denken, dass Word eine sortierte Tabelle nicht automatisch neu sortiert, wenn Sie weitere Zeilen hinzufügen. Sie müssen erneut selbst den Befehl zum Sortieren geben.

Schritt 2

Füllen Sie diese Zeile nun mit Ihren neuen Informationen.

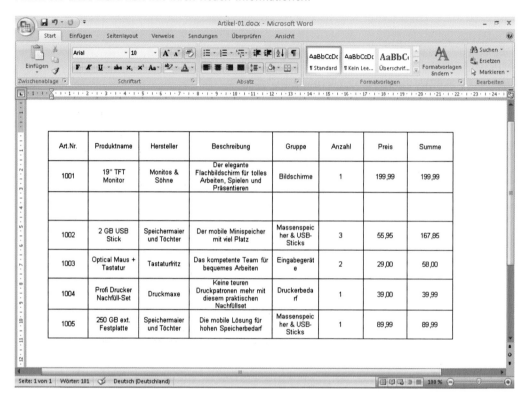

Hinweis

Zeilen und Spalten

Das Hinzufügen von Zeilen oder Spalten funktioniert nach dem gleichen Schema. Sie müssen nur die richtigen Zeilen oder Spalten markieren.

Löschen von Zeilen innerhalb der Tabelle

Möchten Sie eine Zeile löschen, ahnen Sie wahrscheinlich schon, dass dies ebenso einfach zu handhaben ist wie das Löschen einer Spalte.

Schritt 1

Sie markieren die Zeile, die Sie löschen möchten, indem Sie vor die

Tabellenzeile gehen. Wenn Ihre Maus zu einem weißen Pfeil geworden ist, klicken Sie kurz.

Schritt 2

Nun öffnen Sie mit der rechten Maustaste das Pop-up-Fenster und wählen den Befehl *Zeilen löschen*.

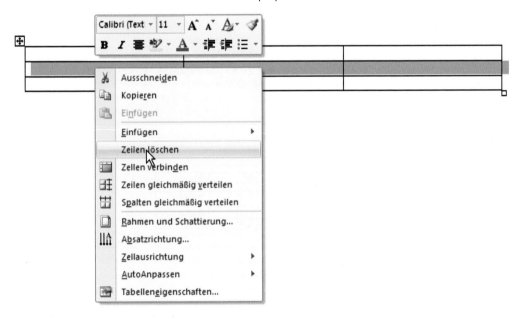

Merke

Die Entf-Taste

Die Entf-Taste löscht nur den Inhalt einer Zelle, nicht aber die Struktur der Zelle selbst.

Verschieben von Spalten

Manchmal wird es nötig sein, eine bestehende Tabelle zu ändern. Vielleicht möchten Sie die Spalten für den Vor- und Nachnamen austauschen.

Schritt 1

Markieren Sie die Spalte, die Sie verschieben möchten.

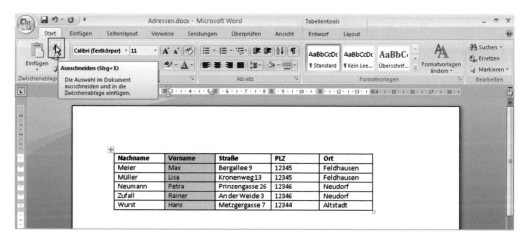

Nachname	Vorname	Straße	PLZ	Ort
Meier	Max	Bergallee 9	12345	Feldhausen
Müller	Lisa	Kronenweg 13	12345	Feldhausen
Neumann	Petra	Prinzengasse 26	12346	Neudorf
Zufall	Rainer	An der Weide 3	12346	Neudorf
Wurst	Hans	Metzgergasse 7	12344	Altstadt

Schritt 2

Schneiden Sie sie mit der Schere aus.

Word hat die Spalte nun in die Zwischenablage gelegt.

Tipp

Das sollten Sie beachten, wenn Sie Spalten oder Zeilen verschieben

Gehen Sie sehr sorgfältig vor, denn Sie schneiden ja Tabellenteile aus. Schneiden Sie sie aus und fügen sie woanders ein. Machen Sie zwischen diesen beiden Tätigkeiten möglichst nichts anderes mit Ihrem Text, sondern beenden Sie erst das Verschieben.

Schritt 3

Setzen Sie die Einfügemarke nun in die erste Zelle der Spalte, **vor** die die gerade ausgeschnittene geschoben werden soll.

Nachname	Ort
Meier	Frankfurt
Müller	Hamburg
Zufall	München

Schritt 4

Wählen Sie in der Registerkarte *Start* den Befehl *Einfügen*.

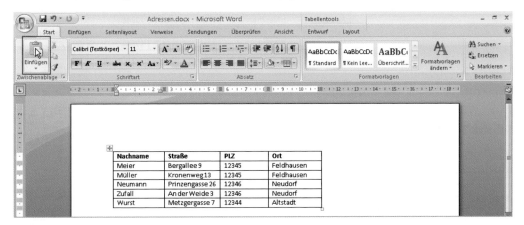

Schritt 5

Nun hat Word die gesamte Spalte *Vorname* vor die Spalte *Nachname* gesetzt.

Vorname	Nachname	Straße	PLZ	Ort
Max	Meier	Bergallee 9	12345	Feldhausen
Lisa	Müller	Kronenweg 13	12345	Feldhausen
Petra	Neumann	Prinzengasse 26	12346	Neudorf
Rainer	Zufall	An der Weide 3	12346	Neudorf
Hans	Wurst	Metzgergasse 7	12344	Altstadt

Achtung

Markieren Sie keine Zelle

Sollten Sie versehentlich eine Zelle markiert haben, versucht Word, die ganze Spalte in die Zelle zu packen. Und das geht in der Regel schief. Sie dürfen also keine Zelle markiert haben, wenn Sie einfügen. Markieren Sie höchstens die gesamte Spalte oder setzen Sie nur die Einfügemarke in die Spalte, vor der die andere eingefügt werden soll.

Verschieben von Zeilen

Möchten Sie nun die Adresse von Rainer Zufall vor die Adresse von Max Meier stellen, müssen Sie die Zeile verschieben.

Schritt 1

Markieren Sie die Zeile, die Sie verschieben möchten.

Vorname	Nachname	Straße	PLZ	Ort
Max	Meier	Bergallee 9	12345	Feldhausen
Lisa	Müller	Kronenweg 13	12345	Feldhausen
Petra	Neumann	Prinzengasse 26	12346	Neudorf
Rainer	Zufall	An der Weide 3	12346	Neudorf
Hans	Wurst	Metzgergasse 7	12344	Altstadt

Schritt 2

Schneiden Sie sie mit der Schere aus.

Schritt 3

Setzen Sie die Einfügemarke vor Max.

Vorname	Nachname	Straße	PLZ	Ort
Max	Meier	Bergallee 9	12345	Feldhausen
Lisa	Müller	Kronenweg 13	12345	Feldhausen
Petra	Neumann	Prinzengasse 26	12346	Neudorf
Hans	Wurst	Metzgergasse 7	12344	Altstadt

Schritt 4

Wählen Sie den *Einfügen*-Befehl in der Registerkarte *Start*.

Schritt 5

Nun hat Word die ausgeschnittene Zeile wieder eingefügt.

Vorname	Nachname	Straße	PLZ	Ort
Rainer	Zufall	An der Weide 3	12346	Neudorf
Max	Meier	Bergallee 9	12345	Feldhausen
Lisa	Müller	Kronenweg 13	12345	Feldhausen
Petra	Neumann	Prinzengasse 26	12346	Neudorf
Hans	Wurst	Metzgergasse 7	12344	Altstadt

Achtung

Markieren Sie auch hier keine Zelle

Hier gilt Ähnliches wie schon beim Verschieben von Spalten: Markieren Sie keine Zelle, sondern achten Sie darauf, dass nur die Einfügemarke an der richtigen Position steht.

Tipp

Auch hier wird nicht automatisch sortiert

Wenn Sie Zeilen verschieben, wird eine sortierte Tabelle nicht automatisch neu sortiert. Das müssen Sie veranlassen. Wie das geht, lesen Sie auf Seite 107.

Eine sortierte Einladungsliste erstellen

Mit der Tabellenfunktion können Sie nun auch eine komplette Einladungsliste für Geburts- oder andere Festtage erstellen.

Dabei sollten Sie aber darauf achten, dass jede Ihrer Spalten auch eine entsprechende Überschrift bekommt. In der Regel können Sie diese Überschriften zwar auch weglassen, aber Sie sollten sich von vornherein einen guten Stil angewöhnen, und zum anderen brauchen Tabellenspalten eine Überschrift, wenn Sie, wie wir es später machen wollen, automatisch Einladungsschreiben verschicken möchten.

Schritt 1

Denken Sie darüber nach, welche Elemente Sie in der Einladungsliste haben möchten. Vor- und Zuname sind natürlich klar. Und für die Einladungen brauchen Sie sicher auch die genaue Anschrift Ihrer Freunde oder Kollegen. Ihre Überschriften über die 5-spaltige Tabelle könnten also so aussehen:

Vorname	Nachname	Straße	PLZ	Ort

Handelt es sich aber um einen runden Geburtstag oder ein großes Jubiläum, wäre eine weitere Spalte vielleicht gut, in der Sie eintragen könnten, ob der Eingeladene schon zu- oder abgesagt hat. Also wäre eine solche Struktur vielleicht besser.

Vorname	Nachname	Straße	PLZ	Ort	Bemerkung

Sie wissen ja inzwischen, wie Sie weitere Spalten einer bestehenden Tabelle hinzufügen können.

Tipp

Keine Angst, falls Sie etwas vergessen haben

Sie brauchen sich nicht zu grämen, wenn Sie später merken, dass Sie doch eine Spalte oder eine Zeile vergessen haben. Sie wissen sicher, dass Sie alles noch nachträglich einfügen können. Schlimmstenfalls müssen Sie die Tabelle nur noch einmal ausdrucken.

Hinweis

Die Spalte Bemerkung

In diese Spalte können Sie eingeben, ob der Eingeladene schon zu- oder abgesagt hat. Natürlich können Sie auch jederzeit die Tabellenüberschriften verändern. Auch wenn Sie Ihre Tabelle schon mit Inhalt gefüllt haben.

Schritt 2

Erstellen Sie nun eine Tabelle mit 5 Spalten.

Schritt 3

Geben Sie dann Ihr Schema mit den Überschriften in die Tabelle ein.

Vorname	Nachname	Straße	PLZ	Ort	Bemerkung

Schritt 4

Klicken Sie, sofern Sie nicht schon dort sind, in der letzten Zelle hinter *Bemerkung* und drücken Sie noch einmal die [Tab]-Taste.

Vorname	Nachname	Straße	PLZ	Ort	Bemerkung

Word fügt Ihnen damit eine neue Zeile an.

Schritt 5

Füllen Sie Ihre Tabelle nun mit ein paar Namen aus.

Schritt 6

Wir werden diese Tabelle später zum Verschicken von Einladungsschreiben benutzen. Dafür muss eine Tabelle aber nicht unbedingt sortiert sein. Wenn Sie allerdings 30 bis 40 Gäste zu einem großen Jubiläum erwarten, macht es Sinn, auch diese Word-Liste zu sortieren.

Vorname	**Nachname**	**Straße**	**PLZ**	**Ort**	**Bemerkung**
Rainer	Zufall	An der Weide 3	12346	Neudorf	
Max	Meier	Bergallee 9	12345	Feldhausen	
Lisa	Müller	Kronenweg 13	12345	Feldhausen	
Petra	Neumann	Prinzengasse 26	12346	Neudorf	
Hans	Wurst	Metzgergasse 7	12344	Altstadt	

Vergrößern Sie gegebenenfalls die Spalten.

Hinweis

Vergrößern der Spalten

Für einen Serienbrief, den wir erst später erstellen werden, brauchen die Spalten nicht unbedingt erweitert zu werden. Word kümmert sich automatisch darum. Wenn Sie aber Ihre Tabelle ausdrucken möchten, macht es Sinn, sie richtig zu formatieren.

Schritt 7

Zum Sortieren markieren Sie die Zeilen. Aber markieren Sie nicht die Überschriften mit.

Vorname	Nachname	Straße	PLZ	Ort	Bemerkung
Rainer	Zufall	An der Weide 3	12346	Neudorf	
Max	Meier	Bergallee 9	12345	Feldhausen	
Lisa	Müller	Kronenweg 13	12345	Feldhausen	
Petra	Neumann	Prinzengasse 26	12346	Neudorf	
Hans	Wurst	Metzgergasse 7	12344	Altstadt	

Schritt 8

Nun wählen Sie in der Registerkarte *Start* in der Gruppe *Absatz* den Sortierungsbefehl.

Schritt 9

Im nun geöffneten Fenster müssen Sie entscheiden, nach welcher Spalte sortiert werden soll.

Möchten Sie eine Sortierung nach dem Nachnamen, wählen Sie die Spalte 2.

Vorname	Nachname	Straße	PLZ	Ort
Rainer	Zufall	An der Weide 3	12346	Neudorf
Max	Meier	Bergallee 9	12345	Feldhausen
Lisa	Müller	Kronenweg 13	12345	Feldhausen
Petra	Neumann	Prinzengasse 26	12346	Neudorf
Hans	Wurst	Metzgergasse 7	12344	Altstadt

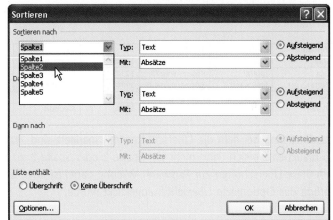

Hinweis

Änderung einer Sortierung

Sollten Sie einmal nach einer falschen Spalte sortiert haben, können Sie natürlich jederzeit eine neue Sortierung durchführen.

Schritt 10

Nun müssen Sie sich nur noch entscheiden, ob Sie eine auf- oder absteigende Sortierung wünschen. Wählen Sie die angebotene aufsteigende Sortierung.

Schritt 11

Sollten Sie beim Markieren trotzdem die Überschriftenzeile mit markiert haben, ist das nicht weiter tragisch. Sagen Sie Word in diesem Fall im Sortierfenster ganz unten, dass die markierte Liste eine Überschrift enthält.

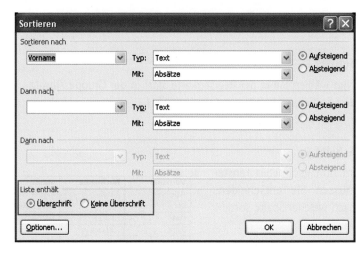

Schritt 12

Nachdem Sie das Fenster jetzt mit *OK* bestätigt haben, hat Word Ihnen Ihre Liste schön ordentlich nach den Nachnamen sortiert.

Vorname	Nachname	Straße	PLZ	Ort	Bemerkung
Max	Meier	Bergallee 9	12345	Feldhausen	
Lisa	Müller	Kronenweg 13	12345	Feldhausen	
Petra	Neumann	Prinzengasse 26	12346	Neudorf	
Hans	Wurst	Metzgergasse 7	12344	Altstadt	
Rainer	Zufall	An der Weide 3	12346	Neudorf	

Das Sortieren, bei dem die Überschriften mit markiert sind, hat natürlich auch gewisse Vorteile. So brauchen Sie sich dann nicht um Spalte 2 oder Spalte 3 zu kümmern, sondern Word gibt Ihnen diese Überschriften zur Auswahl. Wichtig dabei ist aber, dass im Sortierungsfenster bei *Liste enthält* das Optionsfeld *Überschrift* angeklickt wurde.

Merke

Was Sie beim Sortieren beachten sollten

Markieren Sie nur das, was sortiert werden soll. Das heißt, da Überschriften nicht in die Sortierung gehören, brauchen sie auch nicht markiert zu werden. Sollten Sie es trotzdem einmal gemacht und sortiert haben, hat Word diese Überschriften wahrscheinlich auch in die Tabelle einsortiert. Um so etwas zu verhindern, gibt es im Sortierungsfenster die Möglichkeit zu sagen, dass die markierte Liste die Überschrift enthält.

7

Die einfache Anwendung des neuen Formeleditors

Eine Formel eingeben

Keine Angst, tiefschürfende Exkursionen in die Mathematik und umfangreiche Formeln werden hier nicht behandelt, allerdings sollten Sie wissen, dass deren wissenschaftlich korrekte Darstellung, wie umfangreich und aufwendig diese auch immer erscheinen sollten, für Word 2007 kein Problem darstellt. Und da der Formeleditor nun kein Zusatztool mehr ist, wie er es in früheren Versionen war, sollten wir ihn auch ganz kurz anschauen.

Das soll am Beispiel einer einfachen quadratischen Gleichung geschehen.

$$x^2 + 4x - 5 = 0$$

Schritt 1

Wählen Sie aus dem Hauptmenü den Eintrag *Einfügen* und anschließend aus der Gruppe *Symbole* den Eintrag *Formel*. In dieser Liste finden Sie verschiedene Standardformeln. Da Sie aber eine neue Formel erstellen wollen, wählen Sie im unteren Bereich *Neue Formel einfügen*.

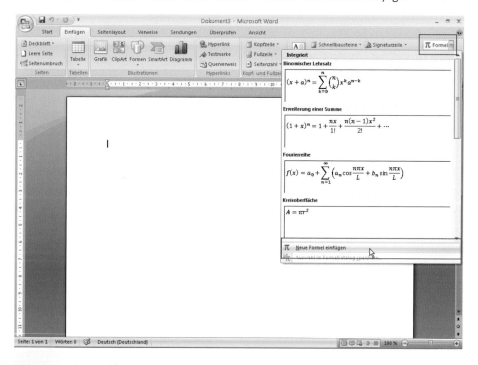

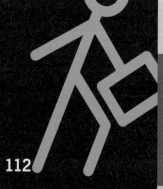

Hinweis

Der Formeleditor stellt nur die Gleichung dar

Der Formeleditor bietet nur die Möglichkeit, eine umfangreiche Formel korrekt darzustellen, diese zu lösen kann er Ihnen aber nicht abnehmen. Da ist eigenes Können gefragt.

Schritt 2

Wählen Sie anschließend aus der Gruppe *Strukturen* den Eintrag *Skript* und wählen Sie dort das Symbol, um Potenzen darzustellen.

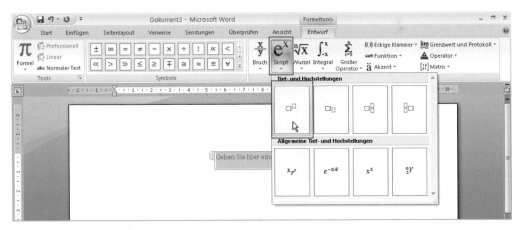

Schritt 3

Sie sehen zwei leere Kästchen. Gehen Sie mit der Maus oder mit den Cursortasten in das erste Kästchen und schreiben Sie x hinein. Gehen Sie dann in das nächste leere Kästchen und schreiben Sie die 2.

Schritt 4

Gehen Sie nun mit den Pfeiltasten so weit nach rechts, bis es nicht mehr geht, und geben Sie den Rest der Formel ein. Dabei können Sie die normalen Plus und Minuszeichen auf der Tastatur benutzen.

$$x^2 + 4x - 5 = 0$$

Schritt 5

Klicken Sie nun außerhalb der Formel in den freien Bereich der Seite. Damit verlassen Sie den Formeleditor und kehren zur Standardansicht zurück.

Hinweis

Potenzen darstellen

Sie werden wahrscheinlich bemerkt haben, dass in diesem Menü auch direkt ein x^2 zu finden war. Das könnten Sie natürlich auch benutzen. Ich wollte Ihnen allerdings auch zeigen, wie man Potenzen allgemein darstellen kann, und deshalb habe ich diesmal den etwas längeren Weg gewählt.

Die Formel zur Lösung einer quadratischen Gleichung

Damit haben Sie die erste Formel mit dem Formeleditor fertig. Ja, ich weiß, was Sie sagen wollen, diese Formel hätten Sie auch problemlos in Word schreiben können.

Sie haben recht, aber wir wollten doch klein anfangen, denn die nächste Formel, die ich mit Ihnen angehen möchte, sieht schon etwas schwieriger aus. Es ist die berühmte p/q-Formel zur Lösung einer allgemeinen quadratischen Gleichung.

$$x_{1/2} = -\frac{p}{2} \pm \sqrt{\left(\frac{p}{2}\right)^2 - q}$$

Schritt 1

Wenn Sie die Formel auf das gleiche Blatt schreiben möchten wie die quadratische Gleichung, die wir gerade geschrieben haben, gehen Sie mit der (Enter)-Taste einfach ein paar Zeilen tiefer. Wählen Sie dann erneut in der Registerkarte *Einfügen* den Befehl *Skript*.

Schritt 2

Wählen Sie das kleine Dreieck im Befehl *ex Skript*. Das Menü zum allgemeinen Hoch- und Tiefstellen taucht auf. Wählen Sie das in der Abbildung gezeigte Symbol.

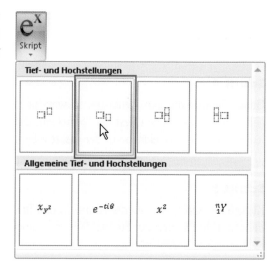

Hinweis

Was tut die Formel?

Mit dieser Formel lösen Sie recht einfach eine quadratische Gleichung, aber wie bereits gesagt, Word wird Ihnen kein Ergebnis liefern. Word ist nur zur Formeldarstellung geeignet. Aber mit Excel, dem anderen Programm aus Office 2007, können Sie sehr komplexe (aber auch einfache) Rechnungen durchführen.

Schritt 3

Ein ähnliches Symbol hatten wir vorhin schon besprochen. Gehen Sie mit der Maus oder den Cursortasten in die entsprechenden Kästchen und füllen Sie sie aus. Dabei können Sie für den Term 1/2 die Zeichen auf Ihrer Tastatur benutzen, Sie müssen nur im richtigen Kästchen stehen.

Schritt 4

Nun gehen Sie so weit nach rechts, bis es nicht mehr geht, und geben Sie das Gleichheitszeichen ein. Nehmen Sie das Gleichheitszeichen aus der *Symbole*-Gruppe.

Schritt 5

Wählen Sie nun in der Gruppe *Strukturen* den Befehl *Bruch* aus.

Schritt 6

Tragen Sie in die Kästchen nun den Teil der Formel ein.

Schritt 7

Aus der *Symbole*-Gruppe wählen Sie nun das +/-Zeichen aus.

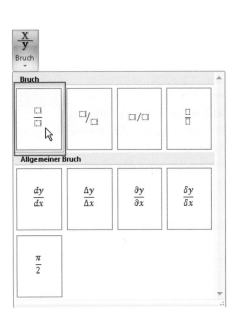

Merke

Auch hier gilt die [Entf]- und [Rück]-Taste

Auch im Formeleditor können Sie, wie gewohnt, die [Entf]- und die [Rück]-Taste zum Löschen von Zeichen benutzen. Die Tasten haben hier den gleichen Effekt.

Schritt 8

In der Gruppe *Strukturen* wählen Sie dann *Wurzel*. Hier nehmen Sie das in der Abbildung gezeigte Symbol.

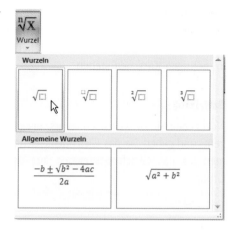

Schritt 9

Nun wird es ein wenig kompliziert, denn unter die Wurzel kommt ein Bruch, der zum Quadrat genommen werden muss. Sie brauchen also einen Bruch mit einer Klammer. Wählen Sie deshalb zuerst bei *Trennungszeichen* die in der Abbildung gezeigte Klammer.

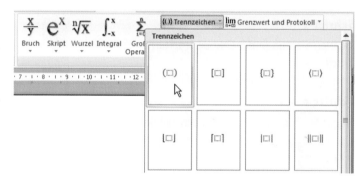

Schritt 10

Als nächsten Schritt wählen Sie den Bruch aus.

$$x_{1/2} = -\frac{p}{2} \pm \sqrt{\left(\frac{\Box}{\Box}\right)}$$

Schritt 11

Füllen Sie die Kästchen nun mit Inhalt und wandern Sie dann bis ans Ende der Formel.

$$x_{1/2} = -\frac{p}{2} \pm \sqrt{\left(\frac{p}{2}\right)}$$

Tipp

Wandern Sie mit den Pfeiltasten innerhalb der Formel

Obwohl Sie auch mit der Maus innerhalb der Formel klicken können, empfiehlt es sich manchmal, besser mit den Pfeiltasten zu wandern. Das ist, gerade bei Formeln, etwas präziser.

Schritt 12

Nun muss der gerade eingegebene Term quadriert werden. Dazu markieren Sie diesen Term am besten mit der Tastatur.

$$x_{1/2} = -\frac{p}{2} \pm \sqrt{\left(\frac{p}{2}\right)}$$

Schritt 13

Nun wählen Sie wieder bei *Skript* das Symbol für das Hochstellen.

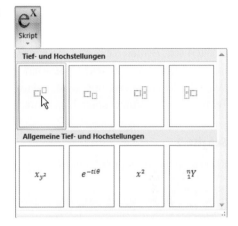

Schritt 14

Geben Sie nun die 2 in das Kästchen ein.

$$x_{1/2} = -\frac{p}{2} \pm \sqrt{\left(\frac{p}{2}\right)}$$

Schritt 15

Der Rest ist nun ein schlichtes Ausfüllen der verbliebenen Teile der Formel.

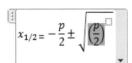

$$x_{1/2} = -\frac{p}{2} \pm \sqrt{\left(\frac{p}{2}\right)^2 - q}$$

Damit haben Sie die p/q-Formel vollständig eingegeben. Wie immer ist das alles eine Frage der Übung. Lassen Sie mich an dieser Stelle nur noch eines sagen: Sie können mit diesem Formeleditor die komplexesten mathematischen und physikalischen Formeln eingeben. Für Schule und Universität ist Word also auch mehr als nur brauchbar.

Hinweis

Umgang mit Formeln

Die fertigen Formeln können Sie mit einigen Einschränkungen so behandeln und formatieren wie normalen Text, also linksbündig, zentriert und rechtsbündig ebenso darstellen wie fett drucken.

Merke

Markieren von Formelteilen

Es ist oftmals einfacher, Teile einer Formel mit der Tastatur zu markieren als mit der Maus. Diese Bemerkung gilt aber nicht nur für Formeln.

Nachträgliches Verändern der Formel

Nun kann es sein, dass Sie eine Formel nachträglich noch ändern müssen.

Schritt 1

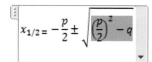

Klicken Sie in der Formel an die entsprechende Stelle, oder, wie im Beispiel, markieren Sie den Bereich, der die zusätzlichen Klammern erhalten soll. Achten Sie darauf, dass wirklich nur dieser Teil markiert ist und nicht, wie das leicht passieren kann, noch zusätzlich die Wurzel. Die Formel ist nun wieder aktiviert worden, der markierte Term unter der Wurzel sollte blau hinterlegt sein.

Schritt 2

Klicken Sie im Hauptmenü auf den Eintrag *Entwurf* unter der Markierung *Formeltools*.

Schritt 3

Wählen Sie *Trennzeichen* und den in der Abbildung gezeigten Bruch.

Schritt 4

Wählen Sie die gezeigte Klammerstruktur aus.

$$x_{1/2} = -\frac{p}{2} \pm \sqrt{\left(\left(\frac{p}{2}\right)^2 - q\right)}$$

Hinweis

Nachträgliches Verändern von Formeln

Wie Sie sehen, lassen sich die einzelnen Elemente einer Formel gezielt nachträglich verändern. Es ist nur immer darauf zu achten, dass der Cursor an der entsprechenden Stelle steht bzw. die Markierung wirklich nur den zu bearbeitenden Teil oder das zu bearbeitende Element betrifft.

8

Bilder lockern auf – das Einbinden von Bildern und Grafiken

Wie bekomme ich ein Bild in meinen Text

Bilder sind eine Möglichkeit, umfangreiche Texte aufzulockern. In welchem Format das Bild vorliegt, spielt eigentlich keine so große Rolle, wenn wir einmal davon ausgehen, dass Sie keine Riesenplakate oder andere Werbeflächen füllen müssen.

Wenn Sie heute mit Ihrer Digitalkamera Fotos machen, liegen diese in der Regel als JPEG-Dateien vor. Und diese Dateiart bereitet Word 2007 absolut keine Probleme. Auch Dateien im Format BMP sind einfach in einen Text zu integrieren.

Schritt 1

Setzen Sie die Einfügemarke an die Stelle Ihres Textes, an der das Bild platziert werden soll.

Schritt 2

Wählen Sie in der Registerkarte *Einfügen* in der Gruppe *Illustrationen* den Befehl *Grafik*. Gehen Sie in den Ordner, in dem sich Ihr Bild befindet.

Schritt 3

Klicken Sie es an und wählen Sie dann *Einfügen*.

Hinweis

Welches Bildformat sollten Sie wählen?

Bilder haben beim Dateinamen eine Erweiterung, genau wie ein Word-Dokument sie hat. Word fügt automatisch die Endung *.docx* an den Dateinamen an.
Bilder haben in der Regel die folgenden Erweiterungen: *.jpg, .bmp, .gif*. Word ist es jedoch gleichgültig, mit welchem dieser Formate Sie arbeiten. Und auch die Handhabung ist identisch.

Schritt 4

Nun sollte Ihr Bild schon in Ihrem Dokument sein.

Sofern es noch markiert ist, hat es an den Seiten Markierungspunkte. An diesen Punkten können Sie das Bild größer oder kleiner ziehen. Am grünen Kreis können Sie es drehen.

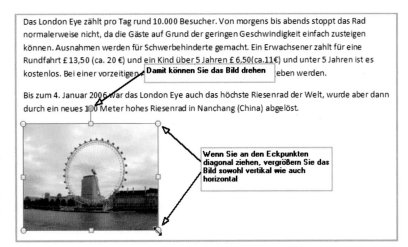

Das London Eye zählt pro Tag rund 10.000 Besucher. Von morgens bis abends stoppt das Rad normalerweise nicht, da die Gäste auf Grund der geringen Geschwindigkeit einfach zusteigen können. Ausnahmen werden für Schwerbehinderte gemacht. Ein Erwachsener zahlt für eine Rundfahrt £ 13,50 (ca. 20 €) und ein Kind über 5 Jahren £ 6,50(ca.11€) und unter 5 Jahren ist es kostenlos. Bei einer vorzeitigen **Damit können Sie das Bild drehen** eben werden.

Bis zum 4. Januar 2006 war das London Eye auch das höchste Riesenrad der Welt, wurde aber dann durch ein neues 100 Meter hohes Riesenrad in Nanchang (China) abgelöst.

Wenn Sie an den Eckpunkten diagonal ziehen, vergrößern Sie das Bild sowohl vertikal wie auch horizontal

Schritt 5

Klicken Sie nun in den *Bildtools* in der Registerkarte *Anordnen* auf den Befehl *Position*.

Hier können Sie nun auswählen, wo innerhalb der Seite das Bild positioniert werden soll.

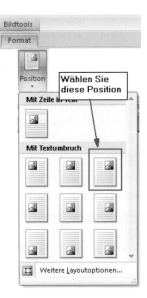

Tipp

Bild proportional vergrößern

Wenn Sie das Bild proportional vergrößern möchten, halten Sie die [Umschalt]-Taste gedrückt, während Sie an den Eckpunkten ziehen.

Schritt 6

Ihr Bild ist nun am rechten oberen Rand und Word hat automatisch den Text um das Bild herum umbrochen.

Das London Eye

Das "London Eye" ist mit einer Höhe von 135,36 m das derzeit höchste Riesenrad Europas. Es steht im Zentrum von London am Südufer der Themse, nahe der Westminster Bridge. Das Riesenrad wurde von den Architekten David Marks und Julia Barfield entworfen. Das Design der Gondeln stammt von Nick Bailey. Eigentümer von London Eye ist die Fluggesellschaft British Airways. Die Eröffnung fand 1999 statt, für Besucher auf Grund von technischen Problemen aber erst im März 2000. Ursprünglich hatten die Erfinder ihre Idee beim Wettbewerb für die Millenniums-Feiern eingereicht, hier war sie jedoch abgelehnt worden.

Das London Eye besitzt 32 fast vollständig aus Glas geformte Kapseln, in denen jeweils bis zu 25 Personen Platz finden. Das Rad dreht sich mit einer Geschwindigkeit von 0,26 m/s und braucht für eine Umdrehung 30 Minuten. Sind die Sichtverhältnisse optimal, kann man vom Riesenrad aus bis zu 40 km weit sehen, u.a. bis zum etwas außerhalb gelegenen Schloss Windsor.

Möchten Sie das Bild aber lieber an eine selbst gewählte, beliebige Position setzen, wählen Sie in den *Bildtools* in der Registerkarte *Anordnen* den Befehl *Position*. Dort klicken Sie auf *Weitere Layoutoptionen*.

Wählen Sie hier z. B. *Rechteck*, können Sie das Bild an eine beliebige Position schieben, und Word wird den Text automatisch umbrechen.

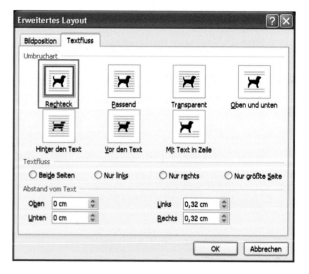

Tipp

Textumbruch mit der rechten Maustaste

Alternativ zum gerade Gesagten können Sie auch mit der rechten Maustaste auf das Bild klicken und dann den Befehl *Textumbruch* wählen.

Einladung zur Geburtstagsfeier erstellen

Ich möchte nun mit Ihnen eine kleine Einladungskarte für eine Geburtstagsfeier erstellen. Diese Einladungskarte soll das DIN-A5-Format haben, aufzuklappen sein und auf beiden Seiten Text oder Bilder enthalten. Die eine Seite soll so aussehen:

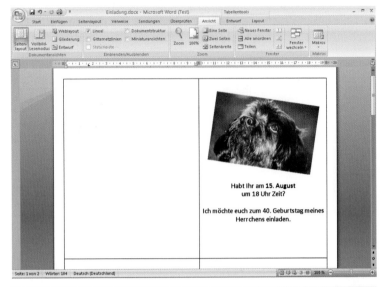

Die andere so:

Die Einladung wurde mit der Tabellenfunktion erstellt. Die Tabellenstriche werden später natürlich entfernt und dienen hier nur zur Vereinfachung bei der Erstellung der Einladungen.

Ein DIN-A4-Blatt ergibt also zwei Einladungskarten.

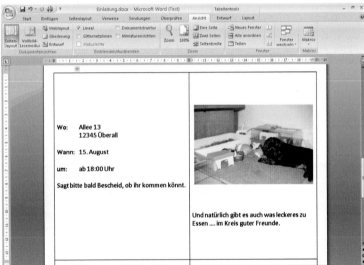

Hinweis

Papierformate

Im Jahre 1922 wurden vom Deutschen Institut für Normung die heutigen Papierformate festgelegt. Und natürlich haben diese Formate im Laufe der Zeit einige Veränderungen durchmachen müssen, sie sind also nicht mehr so, wie sie ursprünglich einmal festgelegt wurden. Wichtig ist bei allen Papierformaten das Verhältnis der beiden Seitenlängen. Dies beträgt bei DIN-Papieren 1:1,4142.

Schritt 1

Erstellen Sie auf einem leeren Blatt Papier nun eine Tabelle mit zwei Spalten und zwei Zeilen.

Das wird die Vorderseite zweier Einladungskarten. Die Einladungskarten werden dann so gefaltet, dass die linken Zellen der Tabelle die Rückseite, die rechten Zellen aber die Vorderseite der Karte ergeben. Was Sie auf der Vorderseite haben möchten, muss also in die rechte Spalte.

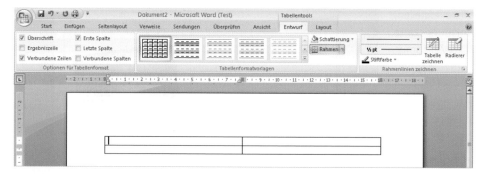

Schritt 2

Klicken Sie in die erste Zelle der rechten Spalte und fügen Sie dort ein Bild ein.

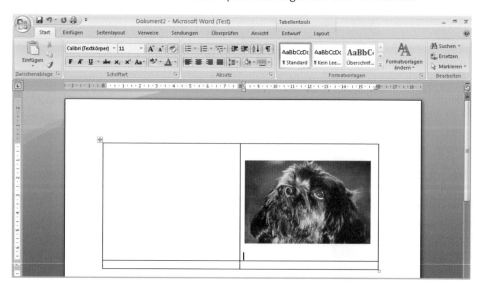

Hinweis

DIN A4 und andere Formate

DIN A4 ist das im Alltag am häufigsten gebrauchte Papierformat mit einer Größe von 210 x 297 mm. Teilt man DIN A4 einmal, erhält man DIN A5 mit einer Größe von 148 x 210 mm, also 2 DIN-A5-Blätter ergeben ein DIN-A4-Blatt.

Schritt 3

Drehen Sie die Grafik, wenn Sie wollen, am grünen Punkt und schreiben Sie Ihren Text.

Dabei müssen Sie eventuell das Bild mit der [Enter]-Taste etwas tiefer rücken.

Auch werden Sie nach dem Bild mit der [Enter]-Taste ein paar Leerzeilen einfügen müssen.

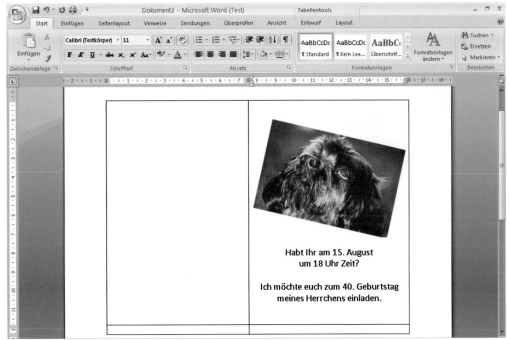

Merke

Einfügen von Leerzeilen mit der [Enter]-Taste

Achten Sie bitte beim Einfügen von Leerzeilen mit der [Enter]-Taste darauf, dass nichts markiert ist. Auch das Bild darf nicht markiert sein. Sollte es nämlich markiert sein und Sie drücken die [Enter]-Taste, dann würden Sie das Bild löschen.

Schritt 4

Sollte dieser erste Teil nun nach Ihren Wünschen fertig sein, kopieren Sie diese Zelle in die Zelle darunter, sodass Sie nun die Vorderseiten für zwei Einladungen fertig haben. Vergrößern Sie gegebenenfalls die Zeilen so, dass beide Zeilen auf ein DIN-A4-Blatt passen.

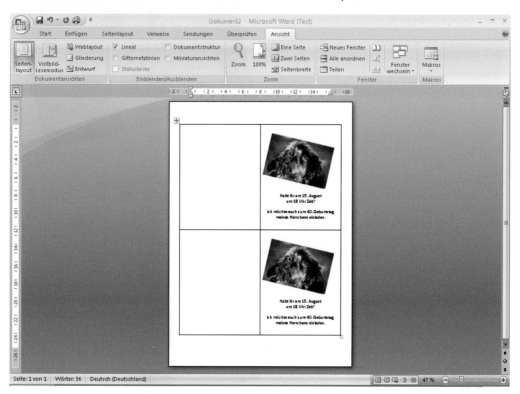

Hinweis

Vergrößern und Verkleinern der Spalten und Zeilen

In der Registerkarte *Ansicht* klicken Sie auf *Eine Seite*. Dort können Sie ganz einfach die Spalten durch Verschieben vergrößern und verkleinern. Passen Sie alles so an, dass es genau auf eine Seite passt.

Schritt 5

Fügen Sie nun noch zwei weitere Zeilen am Ende hinzu. Diese beiden Zeilen sollten auf der nächsten Seite erscheinen.

Die beiden Spalten auf der nächsten Seite füllen nun die beiden inneren Seiten der zusammengeklappten Einladungskarte. Und hierbei würde die linke Spalte auch die linke Seite der Einladung ergeben. Entsprechend die rechte Spalte die rechte Seite.

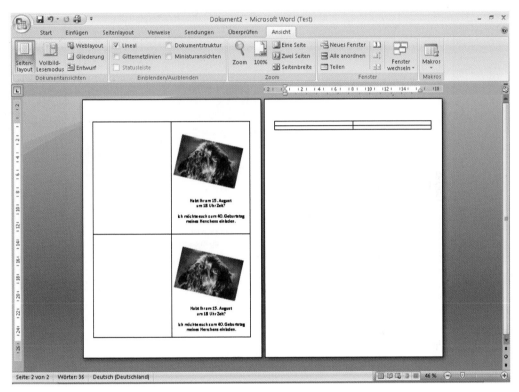

Tipp

Tabulatoren innerhalb von Tabellen

Auch innerhalb von Tabellen können Tabulatoren sinnvoll eingesetzt werden. Das ist hier in Schritt 6 in der linken Zelle geschehen. Innerhalb von Tabellen setzen Sie Tabulatoren, wie es auf Seite 76 besprochen wurde. Normalerweise springen Sie mit der (Tab)-Taste von einem Tabulator zum nächsten. Innerhalb von Tabellen müssen Sie aber (Strg)+(Tab) drücken, um zum nächsten Tabulator zu kommen. Mit nur (Tab) kommen Sie in die nächste Zelle.

Schritt 6

Füllen Sie nun die erste Zeile mit Ihrem gewünschten Text aus.

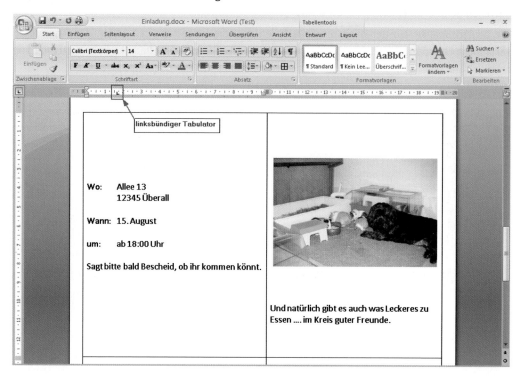

Schritt 7

Nun kopieren Sie diese Zeile wieder in die nächste Zeile.

Tipp

Einladungen im DIN-A6-Format

Die Einladung, die wir hier schreiben, hat am Ende DIN-A5-Format. Da passen zwei Einladungskarten schön auf eine DIN-A4 Seite. Möchten Sie aber Einladungen im DIN-A6-Format (= halbes DIN-A5 Format), wird ein solches Format in Word schon komplizierter. In solch einem Fall ist es am einfachsten, Sie besorgen sich DIN-A5-Papier, stellen das Format über *Seitenlayout/Größe* auf DIN A5 ein und verfahren dann genau wie hier besprochen.

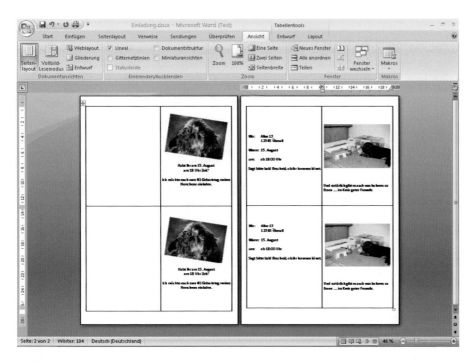

Schritt 8

Da Sie vielleicht nicht ganz so 100%ig gearbeitet haben, sollten Sie, bevor Sie drucken, den Rahmen der Tabelle entfernen. Dazu markieren Sie die ganze Tabelle und wählen in der Registerkarte *Start* das kleine Dreieck bei *Rahmen* an. Wählen Sie *Kein Rahmen*.

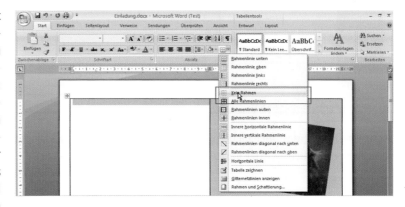

Hinweis

Rahmen – ja oder nein?

Natürlich könnten Sie den Rahmen auch bei der Tabelle belassen, um zu sehen, wo Sie schneiden müssen. Aber da Sie sicher am Anfang nicht allzu präzise arbeiten werden, empfehle ich doch, den Rahmen zu entfernen.

Schritt 9

Nun müssen Sie nur noch ausdrucken. Wenn Sie einen Drucker haben, der beidseitig drucken kann, brauchen Sie ihm das nur zu sagen. Gehen Sie dazu über die Office-Schaltfläche in das *Drucken*-Menü hinein. Dort können Sie dann, meist in den *Eigenschaften*, den beidseitigen Druck anwählen.

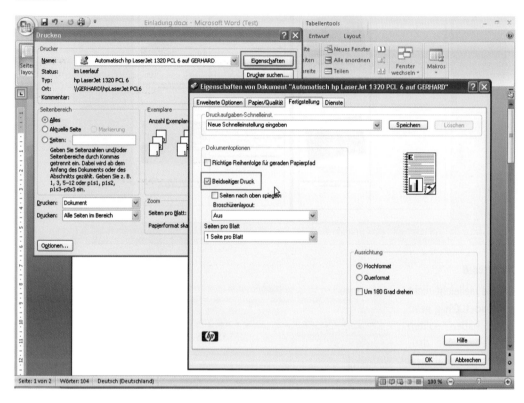

Sollte Ihr Drucker das aber nicht können, drucken Sie erst einmal die erste Seite aus, legen das Blatt dann umgedreht wieder in den Druckerschacht und drucken nun die zweite Seite.

Hinweis

Wie muss das Blatt eingelegt werden?

Das ist leider von Drucker zu Drucker verschieden, deshalb ist es hier sinnvoll, einmal einen Probeausdruck mit Ihrem Drucker zu machen.

9

Abläufe und Hierarchien visuell darstellen mit den neuen SmartArt-Grafiken

Visuelle Darstellung von Abläufen mithilfe von SmartArt-Grafiken

Word ist als Textverarbeitung dazu geeignet, Informationen mit Worten darzustellen. Da Sie aber auch Bilder in ein Word-Dokument integrieren können, können Sie damit Ihre Texte auflockern. Mit einer SmartArt-Grafik können Sie Ihre Informationen nicht nur auflockern, sondern auch visuell darstellen.

So können Sie mit dieser Art Grafik z. B. Produktionsabläufe in einer Firma wie auch Firmenhierarchien darstellen. Aber auch gegensätzliche Ideen lassen sich damit visualisieren.

Unser modernes Leben ist geprägt von einem Ungleichgewicht zwischen sitzenden Tätigkeiten und Bewegung. Berufsbedingt sitzen wir viel zu viel. Die tägliche Bewegung kommt dabei zu kurz. Die Folge davon können Rückenprobleme und Übergewicht sein. Visuell könnte man dieses Ungleichgewicht mit einer SmartArt-Grafik zeigen:

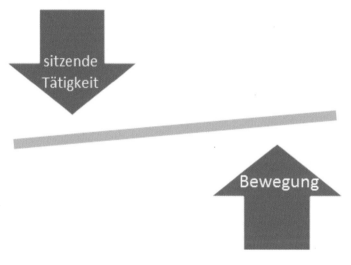

Dieses Bild zeigt ganz klar, dass wir in unserem Leben kein Gleichgewicht mehr haben zwischen Sitzen und Bewegen. Und es ist sicher einprägsamer, als den Sachverhalt nur mit Worten zu erläutern. Wie können Sie eine solche Grafik also nun erstellen?

Tipp

Alle Grafiken einmal anschauen

Schauen Sie sich alle Grafiken zunächst einmal an und nehmen Sie nicht die erste, die Ihnen ins Auge fällt.

Schritt 1

Wählen Sie die Registerkarte *Einfügen* und darin in der Gruppe *Illustrationen* den Befehl *SmartArt*.

Schritt 2

Nun müssen Sie nur noch aus der Fülle an Grafiken die heraussuchen, mit der Sie Ihre Idee am besten dargestellt sehen.

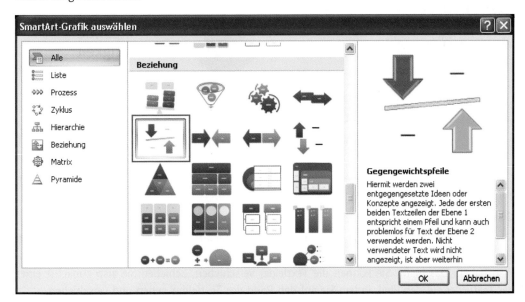

Hinweis

Sie können SmartArt-Grafiken ändern

Die SmartArt-Grafiken lassen sich Ihren Bedürfnissen anpassen. Sie müssen sie also nicht so nehmen, wie sie jetzt in der Übersicht erscheinen.

Schritt 3

Gehen Sie mit der Bildlaufleiste nach unten und wählen Sie die in der Abbildung angeklickte Grafik. Bestätigen Sie Ihre Auswahl mit *OK*.

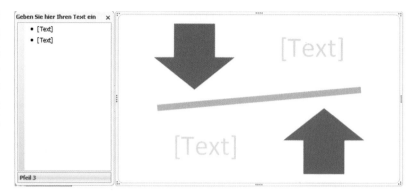

Schritt 4

Tragen Sie nun die entsprechenden Informationen in den *[Text]*-Bereich ein.

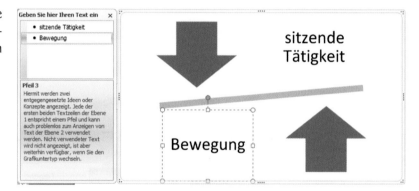

Schritt 5

Sie haben sicher schon bemerkt, dass der Text dieser SmartArt-Grafik neben den Pfeilen steht, aber Sie haben inzwischen sicher auch erkannt, dass die Textfelder Markierungselemente bekommen haben. Das heißt, Sie können die Textfelder verschieben. Schieben Sie also zunächst eines der Textfelder auf den Pfeil, indem Sie auf den Rand des Textfeldes gehen und verschieben.

Hinweis

Textgröße wird automatisch verändert

Während Sie den Text schreiben, wird die Textgröße automatisch den Gegebenheiten angepasst. Wenn Sie im zweiten Textfeld einen längeren Text eingeben, wird damit auch die Schriftgröße des ersten Textfeldes geändert.

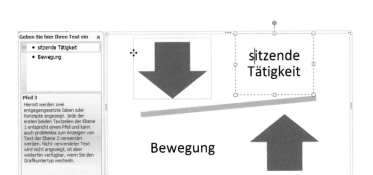

Schritt 6

Schwarze Schrift mit einem blauen Pfeil als Hintergrund ist recht schwer zu lesen, deshalb markieren Sie den Text und vergeben eine helle Schriftfarbe. Weiß würde sich hier anbieten. Damit die Schrift aber auch in die Pfeilspitze passt, wählen Sie eine kleinere Schriftgröße.

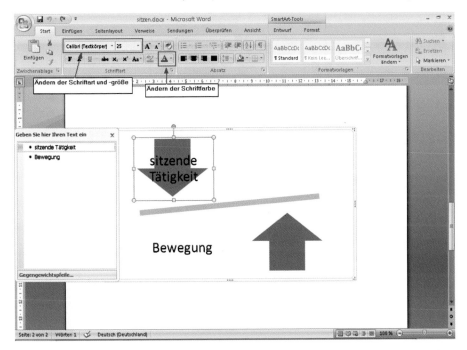

Tipp

Schriftgröße ändern

Sie müssen übrigens nicht zwangsläufig die Schriftgröße selbst ändern. Ziehen Sie einfach die Kästchen entsprechend kleiner und Word wird die Schriftgröße automatisch der Kästchengröße anpassen.
Word wird aber beide Kästchen mit der gleichen Schriftgröße versehen.

Schritt 7

Machen Sie das Gleiche nun auch mit dem anderen Textfeld.

Schritt 8

Und wenn Sie das Missverhältnis zwischen sitzender Tätigkeit und Bewegung noch etwas krasser darstellen möchten, können Sie den Balken dazwischen natürlich auch noch etwas drehen.

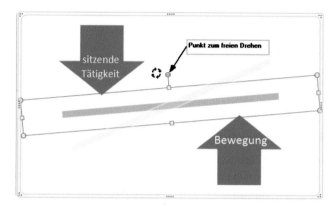

In der Registerkarte *Entwurf* der *Smart-Art-Tools* können Sie dann auch die Farbe der Pfeile ändern.

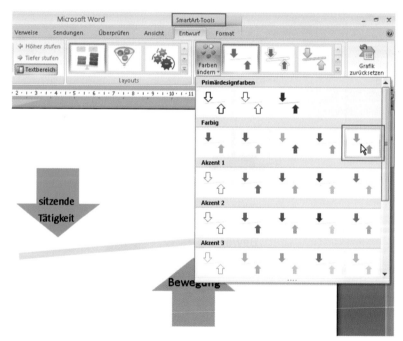

Verändern der Schriftfarbe

Wenn Sie aus den Schnellformatvorlagen eine andere auswählen, kann es sein, dass sich dadurch auch die Schriftfarbe verändert. Deshalb wäre es gut, zunächst das endgültige Layout Ihrer SmartArt-Grafik zu erstellen und zum Schluss die Schriftfarbe zu bestimmen.

Und wenn Ihnen dann die zweidimensionale Darstellung zu langweilig ist, klicken Sie auf *Weitere* in der Gruppe *Schnellformatvorlagen* der SmartArt-Tools.

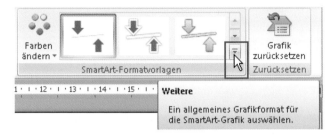

In null Komma nichts haben Sie alles nun z. B. schön dreidimensional.

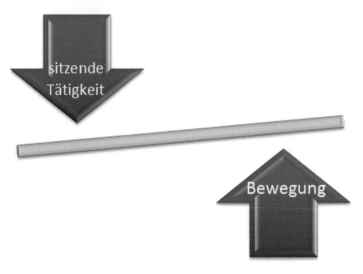

Hinweis

Die SmartArt-Grafiken

Word 2007 bietet eine große Fülle verschiedener SmartArt-Grafiken an. Diese Grafiken sind vom Prinzip her so zu bearbeiten, wie es gerade besprochen wurde. In einigen Fällen können aber zusätzliche Elemente vorkommen, deshalb sollten Sie einfach mit diesen SmartArt-Grafiken etwas üben. Auf den folgenden Seiten werden wir ein weiteres Beispiel dieser Grafikart besprechen. Dann sollten Sie für alle möglichen Fälle gerüstet sein.

Hierarchieebenen in Firmen visuell darstellen

Auch hierarchische Strukturen lassen sich mit SmartArt-Grafiken gut darstellen.

Schritt 1

Wählen Sie in der Registerkarte *Einfügen* den Befehl *SmartArt*. Suchen Sie sich anschließend in der Kategorie *Hierarchie* den gewünschten Stil der Hierarchie aus.

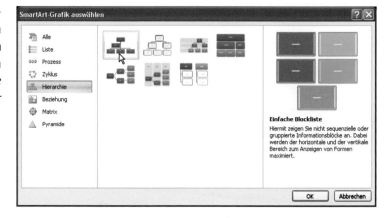

Schritt 2

Tragen Sie dann die entsprechenden Namen in die Felder auf der linken Seite ein.

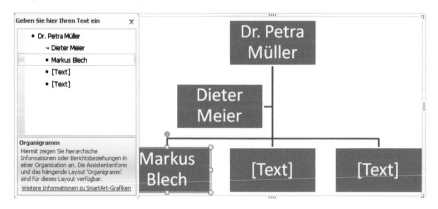

Hinweis

Eingabe der Namen

Sie müssen die einzelnen Namen nicht unbedingt in die Kästchen auf der linken Seite eintragen. Sie können auch in die Kästchen selbst klicken und die Namen eintragen.

Schritt 3

Wenn Sie die Position von Dieter Meier nicht brauchen, klicken Sie das Kästchen einfach an und entfernen es mit der [Entf]-Taste.

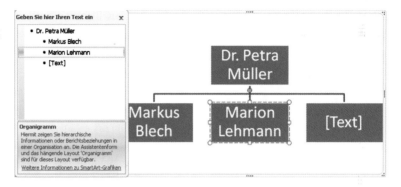

Schritt 4

Müssen Sie zwischen Markus Blech und Marion Lehmann noch einen weiteren Mitarbeiter der gleichen Hierarchiestufe einfügen, klicken Sie zunächst auf Markus Blech, um dieses Feld zu markieren. Dann klicken Sie oben links auf *Form hinzufügen* und wählen dann *Form danach hinzufügen*.

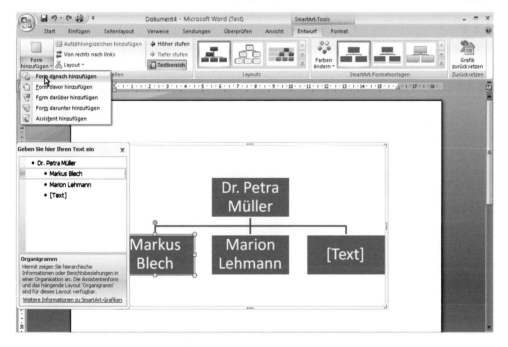

Hinweis

Wieso Form danach wählen?

Die Platzierung der Form richtet sich nach der Hierarchieebene. Wenn Sie also in der Ebene von Markus Blech stehen und Sie möchten in dieser Ebene ein weiteres Feld hinzufügen, wählen Sie *Form danach hinzufügen* oder *Form davor hinzufügen*, je nachdem, ob Sie links oder rechts vom markierten Namen ein weiteres Feld haben wollen.

Schritt 5

Word hat die Kästchen verkleinert und neben Markus Blech ein weiteres leeres Kästchen hinzugefügt, das Sie sofort ausfüllen können.

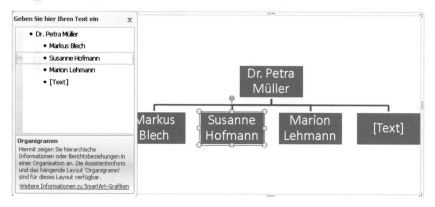

Schritt 6

Hat nun beispielsweise Susanne Hofmann weitere Untergebene, klicken Sie sie an. Wählen Sie dann bei *Form hinzufügen* den Befehl *Form darunter hinzufügen*.

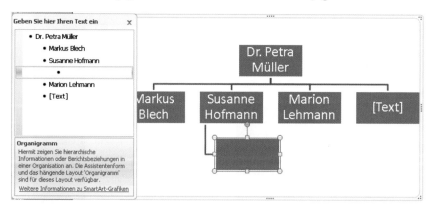

So geht es nun munter weiter. Wenn Sie fertig sind, doppelklicken Sie einfach irgendwo in Ihren restlichen Text.

Hinweis

Ändern der Hierarchie

Zum Ändern der Hierarchie müssen Sie nur die Hierarchiegrafik erneut anklicken.

10

Zusammenhänge darstellen mit Linien und Formen

Geschäftliche Abläufe grafisch dargestellt

Zugegeben, Word ist eine Textverarbeitung und kein Präsentationsprogramm wie PowerPoint, aber trotzdem macht es manchmal Sinn, bestimmte Abläufe grafisch aufzubereiten. So kann es durchaus wichtig sein, in einem Abschlussbericht zur Finanzlage einer Firma den Dienstweg innerhalb der Firmenstruktur mit einer Grafik zu erläutern. Wer berichtet an wen?

Schauen wir uns dazu mal eine wirklich einfache Grafik an:

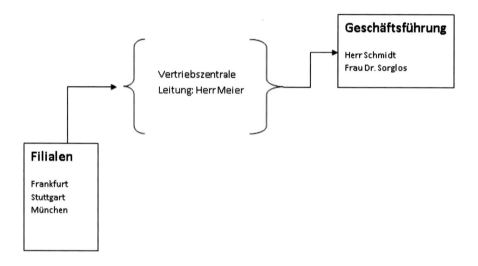

Die Filialen in Frankfurt, Stuttgart und München berichten an die Vertriebszentrale unter der Leitung von Herrn Meier. Und dieser berichtet an die Geschäftsführung des Unternehmens. Wie kann man so etwas in Word 2007 darstellen?

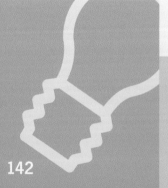

Hinweis

Was leisten Formen?

Formen sind eigentlich nicht nur Elemente, um Textteile hervorzuheben, sondern sie dienen vielmehr auch zur Darstellung von Abläufen in Produktion oder Verwaltung. Wann immer Sie z. B. dicke oder gekrümmte Pfeile brauchen, schauen Sie in den Formen nach.

Schritt 1

Die beiden Klammern finden Sie in der Registerkarte *Einfügen* in der Gruppe *Formen*.

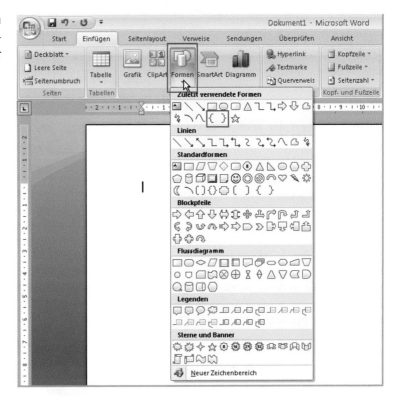

Schritt 2

Klicken Sie auf die erste Klammer, klicken Sie dann in Ihrem Dokument an die Stelle, an der die Klammer gezeichnet werden soll. Nun halten Sie die linke Maustaste fest und zeichnen die Klammer durch diagonales Ziehen der Maus.

Die Klammer hat die schon bekannten Anfasser bekommen, an denen das Objekt verkleinert und vergrößert werden kann. Zusätzlich sind zwei gelbe Rauten entstanden, an denen Sie die Klammer enger oder breiter ziehen können.

Zeichnen Sie die zweite Klammer mit einem kurzen Abstand neben die erste.

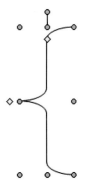

Hinweis

Einfügen der beiden Klammern

Die beiden Klammern lassen sich nur einzeln einfügen, also zeichnen Sie erst einmal die eine, dann die andere Klammer.

Schritt 3

Klicken Sie in der Registerkarte *Einfügen* auf *Textfeld* und dann auf *Textfeld erstellen*. Zeichnen Sie nun eine Textbox zwischen die beiden Klammern. Als Nächstes schreiben Sie den Text in die Textbox.

Um den Rahmen der Textbox zu entfernen, klicken Sie anschließend mit der **rechten** Maustaste auf den Rahmen der Box und wählen dann *Textfeld formatieren*.

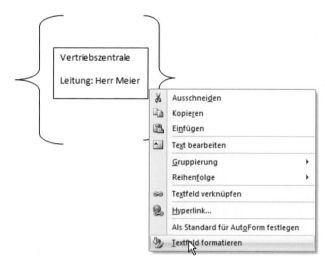

Schritt 4

Wählen Sie nun in der Registerkarte *Farben und Linien* in der Kategorie *Linie* bei Farbe *Keine Farbe*.

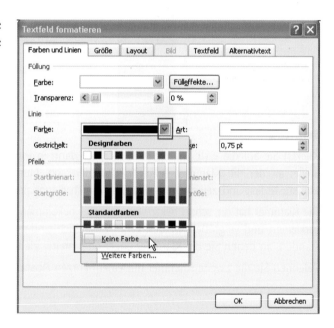

Hinweis

Ändern der Grafik

Natürlich können Sie jederzeit die Grafik ändern und verschieben, auch wenn Sie schon andere Elemente gezeichnet haben.

Schritt 5

Zeichnen Sie nun die Textboxen für die Filialen und Geschäftsführung und schreiben Sie den Text hinein.

Sollte der Zeilenabstand zwischen den Zeilen zu groß sein, markieren Sie diese Zeilen und gehen über die Registerkarte *Start* in der Gruppe *Absatz*. Klicken Sie dort auf den Befehl zum Einblenden des Absatzdialogfeldes.

Das Dialogfeld 'Absatz' anzeigen.

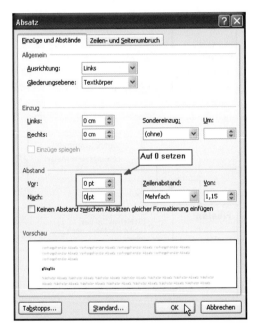

Schritt 6

Setzen Sie den *Abstand Nach:* auf 0.

Schritt 7

Es fehlen jetzt nur noch die Verbindungslinien. Diese erhalten Sie natürlich ebenfalls über die *Formen*.

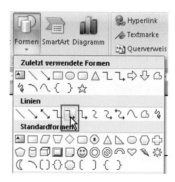

Wählen Sie also *Start/Einfügen* und zuletzt *Formen* an.

Zeichnen Sie nun die Verbindungslinie in ähnlicher Art und Weise, wie Sie auch die Klammern gezeichnet haben.

Schritt 8

Uups, so wollten Sie es aber vielleicht nicht haben. Der Pfeil sollte eigentlich nicht von unten an die Vertriebszentrale anstoßen, sondern von der linken Seite.

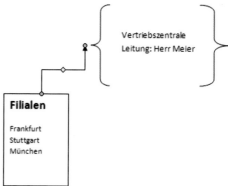

Kein Problem! Schieben Sie einfach das gelbe Rechteck nach oben.

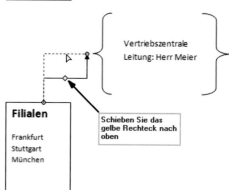

Schritt 9

Zeichnen Sie nun noch die letzte Verbindungslinie und Ihr Modell ist fertig.

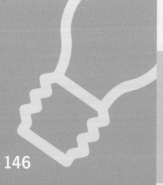

Hinweis

Das gelbe Rechteck

Die Wirkung des gelben Rechtecks lässt sich sehr gut bei dickeren Pfeilen beobachten. Hier lässt sich das Rechteck nämlich in zwei Richtungen bewegen und somit können Sie so die Pfeilspitze oder den Pfeilschwanz ändern, je nachdem, in welche Richtung Sie es ziehen.

Sprechblasen in Bildern einsetzen

Formen können Sie auch für fertige Bilder benutzen, um Sprech- oder Denkblasen ähnlich wie in Comic-Heften zu erstellen.

Schritt 1

Fügen Sie in Ihr Dokument an der gewünschten Stelle ein Bild ein.

Schritt 2

Wählen Sie dann in der Registerkarte *Einfügen* den Befehl *Formen*. Dort suchen Sie sich im Bereich *Legenden* eine passende Sprechblase aus.

Schritt 3

Zeichnen Sie die Sprech- oder Denkblase wie besprochen.

Danach können Sie sie sofort mit Text versehen und wie besprochen formatieren.

Eventuell müssen Sie die Denkblase noch mit der rechten Maustaste anklicken, um über den Befehl *Auto-Form formatieren* die richtige Umbruchart auszuwählen.

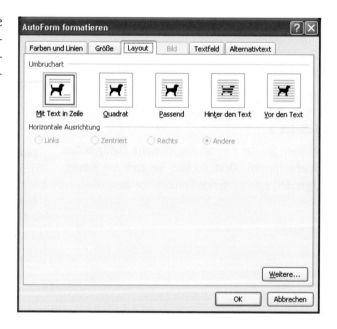

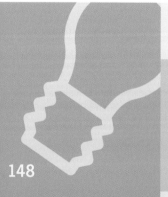

Hinweis

Auch hier wieder grüne und gelbe Elemente

Am grünen Kreis, Sie wissen das sicher bereits, können Sie die Denkblase drehen. Am gelben Rechteck schieben Sie den „Denkpfeil" in die richtige Richtung.

11

Sonderzeichen wie € oder @ in seine Texte einfügen

Sonderzeichen auf der Tastatur finden

Häufiger werden Zeichen gebraucht, die außerhalb unseres gewohnten Alphabets liegen und daher nicht so ohne Weiteres auf der Tastatur zu finden sind, z. B. das Währungssymbol für den Euro (€) oder auch das durch Internet und Mail bekannte @-Zeichen. Außerdem kann es vorkommen, dass Sie gelegentlich französische Wörter benutzen werden, deren Darstellung diverse Accents benötigen. Viele dieser Sonderzeichen sind häufig über eine bestimmte Tastenkombination auf der Tastatur zu finden.

Der folgende französische Satz enthält einige Accents: „Quand est-ce que vous êtes arrivés à Paris?" Schauen wir uns also an, woher Sie diese Accents bekommen.

Schritt 1

Schreiben Sie den Satz bis zum ersten Accent aus (accent circonflexe über dem e bei êtes).

Schritt 2

Drücken Sie nun die Taste auf Ihrer Tastatur, auf der der accent circonflexe und darüber das Grad-Symbol (°) zu finden sind (normalerweise direkt links oben unter der Esc-Taste). Geben Sie anschließend das e ein. Es wird automatisch mit dem gewünschten Accent bestückt.

Schritt 3

Schreiben Sie das Wort *arrivés* bis zum arriv.

Drücken Sie nun die Taste mit den beiden Accent-Symbolen darauf (normalerweise links neben der Rück-Taste) und sofort anschließend das gewünschte e. Word hat Ihnen nun das gewünschte *arrivé* geschrieben. Das s bei *arrivés* schaffen Sie sicher allein.

Schritt 4

Der accent grave (à) über dem a wird ähnlich erreicht. Dieser Accent ist die Zweitfunktion der vorher benutzten Taste, d. h., Sie halten zunächst die Umschalt-Taste fest, drücken auf die oben gezeigte Taste mit den beiden Accents und geben anschließend das a ein.

Hinweis

Vergabe von Accents

Wie Sie feststellen werden, gehören diese Zeichen zu denen, die nur in Kombination mit bestimmten Buchstaben Sinn ergeben und daher erst angewendet werden, wenn der nachfolgende Buchstabe dafür Sinn macht. Ein k mit einem Accent drüber kriegen Sie so nicht.

Etwas Französisches: die sogenannte Cédille ç

Schritt 1

Drücken Sie die beiden Tasten `Strg`+`,` (= Komma) gleichzeitig und lassen Sie sie sofort wieder los.

Schritt 2

Um ein großes Ç zu erhalten, drücken Sie nun `Umschalt`+`C`. Um das kleine ç zu bekommen, reicht das Eingeben von c. Zwischen den beiden Schritten dürfen aber nicht mehr als 5 oder 6 Sekunden vergehen, sonst „vergisst" Word Schritt 1 wieder.

Die folgende Tabelle gibt Ihnen einen Überblick über diese Tastenkombinationen:

â, ê, î, ô, û, Â, Ê, Î, Ô, Û	^ (accent circonflexe), den jeweiligen Buchstaben
ã, ñ, õ, Ã, Ñ, Õ	`Strg`+`Alt`+`~` (Tilde), den jeweiligen Buchstaben
ä, ë, ï, ö, ü, ÿ, Ä, Ë, Ï, Ö, Ü, Ÿ	`Strg`+`Umschalt`+`:` (Doppelpunkt), den Buchstaben
å, Å	`Alt`+0229 bzw. `Alt`+0197 (auf numerischem Tastenblock)
æ, Æ	`Strg`+`Umschalt`+`&`, a oder A
œ, Œ	`Strg`+`Umschalt`+`&`, o oder O
ç, Ç	`Strg`+`,`, c oder C
ð, Đ	`Strg`+`Umschalt`+`'` (Apostroph), d oder D
ø, Ø	`Strg`+`Umschalt`+`/`, o oder O
¿	`Alt`+`Strg`+`Umschalt`+`?`
¡	`Alt`+`Strg`+`Umschalt`+`!`

Wie Sie sie benutzen, ersehen Sie aus den Schritten 1 und 2.

Hinweis

Zwei Tasten gleichzeitig drücken

Es wird Ihnen kaum gelingen, zwei Tasten wirklich gleichzeitig zu drücken. Einer Ihrer Finger wird immer schneller als der andere sein. Und wirkliches gleichzeitiges Drücken ist auch gar nicht nötig. Drücken Sie z. B. die `Strg`-Taste, halten Sie sie fest und drücken Sie dann die andere Taste, so genügt das völlig.

Sonderzeichen mithilfe von Tastenkombinationen – die AltGr-Taste

Sicher haben Sie schon bemerkt, dass auf Ihrer Tastatur auf einigen Tasten zwei oder drei Symbole vorhanden sind. Solche mit zwei Symbolen lassen sich sehr einfach in Kombination mit der Umschalt-Taste erreichen.

Allerdings gibt es auch noch Tasten, die eine dritte Funktion vorweisen. Da wären z. B. einige auf den Zahlentasten und natürlich das @-Zeichen auf der Q-Taste und das €-Symbol auf der E-Taste.

Diese dritten Symbole lassen sich einfach in Kombination mit der AltGr-Taste erreichen. Diese Taste befindet sich normalerweise rechts neben der Leertaste.

Ein Beispiel: Sie möchten in einer Tabelle hinter einem Zahlenwert das Euro-Zeichen stehen haben.

Schritt 1

Schreiben Sie zunächst den Wert.

Vorname	Nachname	Preis
Rainer	Zufall	5,60
Hans	von Glück	
Lisa	Müller	
Max	Meier	

Schritt 2

Halten Sie nun die AltGr-Taste fest und drücken Sie die E-Taste.

Vorname	Nachname	Preis
Rainer	Zufall	5,60 €
Hans	von Glück	
Lisa	Müller	
Max	Meier	

Merke

Handhabung von Tastenkombinationen

Sie haben sicher schon bemerkt: Tastenkombination ist nicht gleich Tastenkombination. Bei den Accents mussten Sie alles schnell hintereinander drücken, bei der AltGr-Taste können Sie sich Zeit lassen. Solange Sie die AltGr-Taste drücken, können Sie in Ruhe auf der Tastaur nach dem richtigen Buchstaben suchen.

Nicht auf der Tastatur zu findende Sonderzeichen

Word stellt Ihnen eine Liste mit solchen Sonderzeichen zur Verfügung. Sie wählen aus dieser Liste das Zeichen aus, das Sie haben möchten.

Schauen wir uns zunächst einmal an, wie Sie das €-Symbol über diese Liste bekommen, denn vielleicht haben Sie noch eine alte Tastatur, wo das €-Symbol noch nicht drauf ist.

Schritt 1

Wählen Sie die Registerkarte *Einfügen*. Öffnen Sie aus der Gruppe *Symbole* durch Klick auf das Dreieck das Vorschaufenster *Symbol*.

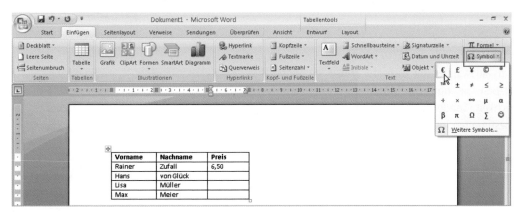

Schritt 2

Fügen Sie das €-Symbol durch entsprechendes Anklicken in Ihr Dokument ein.

Vorname	Nachname	Preis
Rainer	Zufall	5,60 €
Hans	von Glück	
Lisa	Müller	
Max	Meier	

Hinweis

Das Symbol-Auswahlfenster

Fast jede Schriftart bietet viele verschiedene Sonderzeichen über den normalen bekannten Zeichensatz hinaus. Daher kann man ebenfalls die Schriftart auswählen, mit der das gewünschte Sonderzeichen eingefügt werden soll. Bedenken Sie allerdings, dass viele Schriftarten einige Sonderzeichen nicht besitzen bzw. diese in einer Standardschriftart darstellen.

Merke

Bevor Sie das Vorschaufenster öffnen

Da Word Ihre Auswahl sofort in Ihr Dokument übernimmt, sollten Sie vorher an die Stelle in Ihrem Dokument gehen, wo das entsprechende Symbol erscheinen soll.

In dieser kleineren Liste finden Sie jetzt eine Auswahl von häufiger gebrauchten Sonderzeichen, wie das Zeichen für das Britische Pfund £ oder das Zeichen für eine Summe Σ. Allerdings geht die Palette der verfügbaren Symbole weit darüber hinaus.

Schritt 1

Öffnen Sie erneut das Vorschaufenster der Symbole und wählen Sie dieses Mal den Eintrag *Weitere Symbole* aus, denn Sie suchen schon ganz verzweifelt das Zeichen ‰.

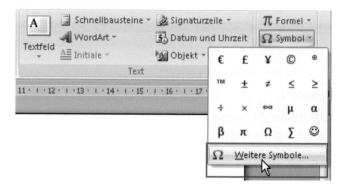

Schritt 2

Im Auswahlfenster *Subset* haben Sie nun die Möglichkeit, Sonderzeichen aus bestimmten logisch zusammenhängenden Gruppen zu finden.

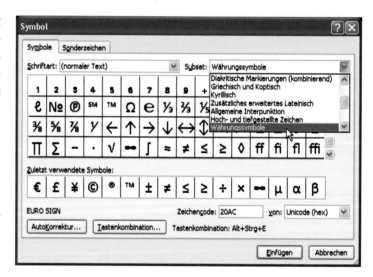

Schritt 3

Markieren Sie nun das gewünschte Symbol aus der Liste und klicken Sie anschließend auf *Einfügen*.

Info

Wie finde ich das gesuchte Zeichen am schnellsten?

Leider hat dieses Auswahlfenster keine Funktion zum automatischen Suchen eines bestimmten Zeichens. Insofern hilft es nur, im Bereich *Subset* eine entsprechende Gruppe zu finden, ansonsten heißt es suchen, suchen.

12

Wiederkehrende Elemente auf jeder Seite – die Verwendung von Kopf- und Fußzeilen

Die Seitennummerierung einsetzen

Achten Sie einmal auf den oberen und unteren Bereich der Seiten in diesem Buch. Bisher vielleicht unbewusst, sehen Sie, dass sich dort immer wiederkehrende Elemente wie Seitenzahl und Kapitelangabe befinden. Diese Bereiche einer Seite nennt man Kopf- bzw. Fußzeile. Alles, was Sie in eine Kopf- oder Fußzeile eingeben, erscheint automatisch auf jeder Seite Ihres Dokuments.

Kopf- und Fußzeilen finden Sie in annähernd jeder mehrseitigen Ausarbeitung, ob Skript, Hausarbeit oder auch in Büchern. Meist findet man in diesem Bereich eines Dokuments neben Kapitelangaben und Seitenzahlen außerdem noch die Angabe z. B. des Autors und wann das Dokument erstellt wurde. Schauen wir uns dazu ein einfaches Beispiel an. Ich möchte mit Ihnen nun in einem langen Text eine Seitennummerierung in eine Kopfzeile eingeben.

Schritt 1

Öffnen Sie ein langes Dokument. Es sollte mindestens zwei Seiten haben. Wie viele Seiten Ihr Dokument hat, sehen Sie unten links in Ihrem Word-Fenster.

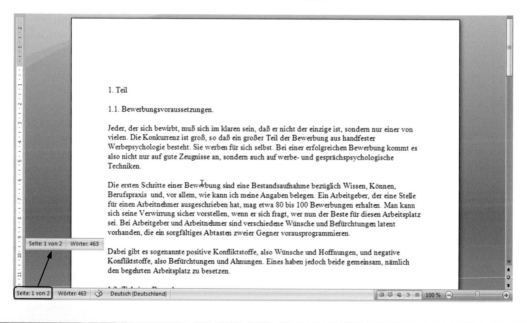

Glossar

Kopf- und Fußzeilen

Der Unterschied zwischen einer Kopf- und einer Fußzeile ist der Ort im Dokument. So steht eine Kopfzeile über dem normalen Text, eine Fußzeile unter dem Text.

Schritt 2

Wählen Sie nun in der Registerkarte *Einfügen* in der Gruppe *Kopf- und Fußzeile* den Befehl *Kopfzeile*.

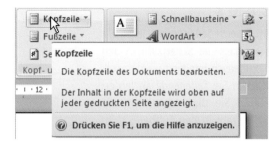

Schritt 3

Im Fenster, das sich nun öffnet, wählen Sie ganz unten den Befehl *Kopfzeile bearbeiten*.

Schritt 4

Damit haben Sie eine Kopfzeile geöffnet und die Einfügemarke steht automatisch am linken Rand in der Kopfzeile.

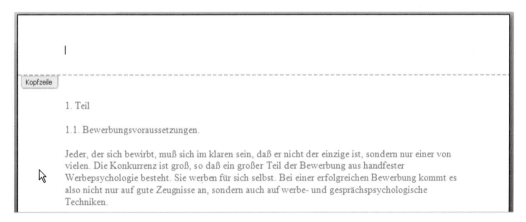

Schritt 5

In Ihrer Multifunktionsmenüleiste finden Sie auf der linken Seite den Befehl zum Eingeben einer Seitenzahl. Klicken Sie das kleine Dreieck neben dem Wort *Seitenzahl* an.

Hinweis

Seitennummer gilt für den gesamten Text

Standardmäßig wird Word die Seiten von der ersten bis zur letzten Seite nummerieren und anzeigen. Sollten Sie das nicht wollen, möchten Sie etwa lieber, dass die erste Seite zwar gezählt, nicht aber angezeigt wird, zeige ich Ihnen auf Seite 164, wie das geht.

Achtung

Seitennummerierung nur mit dieser Schaltfläche

Eine Seitennummerierung setzen heißt, Word wird mit jeder neuen Seite diese Nummerierung erneuern. Deshalb funktioniert es nicht, nur die Zahl 1 Ihrer Tastatur in eine Kopfzeile einzugeben. Sie müssen schon die Schaltfläche *Seitenzahl* benutzen.

Schritt 6

Im Bereich *Seitenanfang* legen Sie fest, dass die Seitenzahl in den Kopfbereich integriert werden soll. Klicken Sie *Seitenende* an, so erhalten Sie die Möglichkeit, die Seitenzahl in den Fußbereich zu setzen.

Klicken Sie also auf *Einfache Zahl 3*. Damit wird die Seitenzahl sogleich auch rechtsbündig in die Kopfzeile gesetzt.

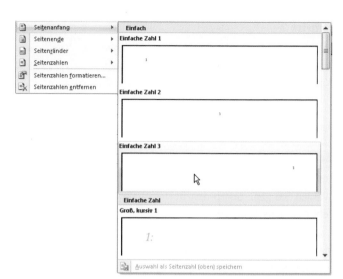

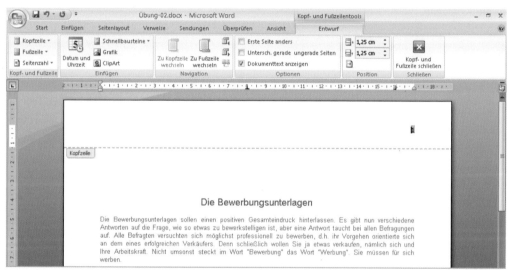

Um das Ergebnis zu prüfen, machen Sie nun irgendwo in Ihrem Text einen Doppelklick, um die Kopfzeile zu schließen. Alternativ genügt auch ein Klick auf die Schaltfläche *Schließen*.

Hinweis

Bemerkungen zur Seitennummerierung

Sie müssen nicht auf der ersten Seite stehen, um eine Kopf- und Fußzeile für den gesamten Text zu erzeugen. Gleichgültig auf welcher Seite Sie sind, standardmäßig gilt eine Kopf- bzw. Fußzeile für den ganzen Text. Wundern Sie sich aber nicht, wenn Sie z. B. auf Seite 20 eine Kopfzeile mit Seitennummerierung erstellen, und Word die Seitenzahl 20 anzeigt. Word errechnet natürlich die Nummerierung ausgehend von der ersten Seite des Dokuments.

Der Name des Autors soll in die Kopfzeile

Gerade haben wir eine Seitennummer in eine Kopfzeile eingegeben. Vielleicht möchten Sie nun auch noch Ihren Namen auf jeder Seite Ihres Dokuments haben.

Schritt 1

Öffnen Sie durch einen Doppelklick die Kopfzeile.

Schritt 2

Tragen Sie nun den Text ein, der dann später auf jeder Seite ausgedruckt werden soll.

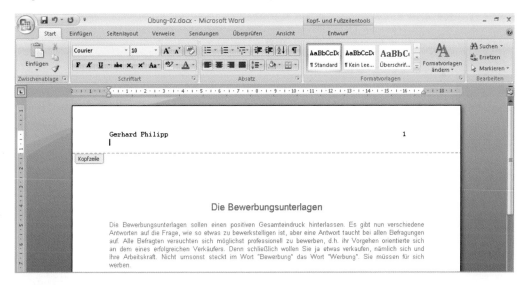

Möchten Sie beispielsweise Ihren Namen linksbündig, die Seitennummer aber rechtsbündig, tragen Sie Ihren Namen ein, drücken dann zweimal die (Tab)-Taste und fügen dann die Seitennummer ein.

Info

Kopfzeile ist blasser als der andere Text

Ihre Kopfzeile wirkt am Bildschirm blasser als der normale Text. Aber das ist in Ordnung, damit Sie eine Kopfzeile vom Rest des Textes schnell unterscheiden können. Wenn Sie Ihren Text dann ausdrucken, werden alle Teile in der gleichen Schwärze gedruckt.

Schritt 3

Eventuell benutzt Word für die Kopfzeile eine andere Schriftart. Das kann durchaus sinnvoll sein, damit man eine Kopfzeile sofort vom Rest des Textes unterscheiden kann. Wenn Sie das aber nicht möchten, können Sie die Kopfzeile ebenso formatieren wie andere Texte auch. Markieren Sie den Text der Kopfzeile, der eine andere Schriftart erhalten soll.

Schritt 4

Sofort wird das Schriftartfenster eingeblendet. Ändern Sie nun gegebenenfalls die Schriftart und -größe.

Info

Formatieren der Kopfzeile

Sie können mit einer Kopf- bzw. Fußzeile fast alle Formatierungen machen, die Sie von normalem Text gewohnt sind.

Die Kopfzeile soll durch einen Strich vom Rest des Textes getrennt sein

Da beim Drucken eine Kopf- bzw. Fußzeile die gleiche Schwärze erhält, kann bei Ihnen vielleicht der Wunsch aufkommen, diese durch einen schlichten Strich vom Rest des Textes abzuheben. Das Unterstreichen der Kopfzeile nützt da gar nichts, denn das würde nur den reinen Text unterstreichen. Sie brauchen aber einen Strich über die gesamte Dokumentenbreite.

In einem früheren Kapitel haben Sie gesehen, dass man so etwas mit der Rahmenfunktion erreichen kann.

Schritt 1

Öffnen Sie die Kopfzeile durch Doppelklick.

Schritt 2

Klicken Sie in der Registerkarte *Start* in der Gruppe *Absatz* auf das kleine Dreieck neben dem Rahmensymbol.

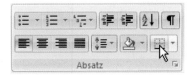

Schritt 3

Erzeugen Sie eine *Rahmenlinie unten*.

Hinweis

Rahmen in Kopf- und Fußzeilen

Natürlich können Sie nicht nur einen Strich, sondern um die gesamte Kopf- oder Fußzeile auch einen Rahmen ziehen. Rahmen sind indessen bei Briefen und offiziellen Schreiben nicht üblich, aber in Berichten und Aufsätzen kann man sie doch als Stilmittel einsetzen.

Bilder in die Kopfzeile setzen

Kennen Sie die Werbeschreiben, bei denen Ihnen auf dem Brief ganz oben ein freundlich lächelndes Gesicht entgegenblickt? Solche Schreiben sollen Sie zum Kauf animieren und Ihnen suggerieren, dass es in dieser Firma nur lächelnde Mitarbeiter gibt. Solche Bilder können Sie ganz normal auch in Ihren Brief integrieren. Wir haben das ja schon in einem vorherigen Kapitel besprochen.

Aber Sie können solche Bilder auch in eine Kopf- oder – wenn Sie wollen – in eine Fußzeile setzen. Dann aber erschiene Ihr Konterfei auf jeder Seite Ihres Textes.

Schritt 1
Öffnen Sie die Kopfzeile.

Schritt 2
Gehen Sie über die Registerkarte *Einfügen* und wählen Sie *Grafik aus Datei*.

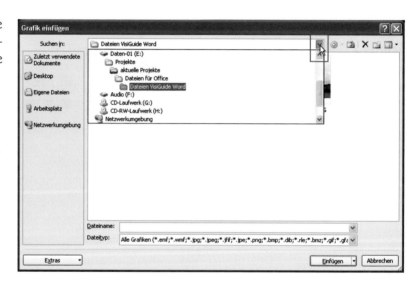

Schritt 3
Gehen Sie in den Ordner, in dem sich das Bild befindet, klicken Sie den Dateinamen an und wählen Sie dann *Einfügen*.

Hinweis

Es muss nicht immer ein Bild sein

Vielleicht möchten Sie nicht, dass Ihr Bild auf jeder Seite des Dokuments ausgedruckt wird, aber vielleicht möchte Ihre Firma, dass das Firmenlogo auf jeder Seite erscheinen soll. Solange das Logo als Bilddatei vorliegt, können Sie es genauso integrieren wie ein Porträt.

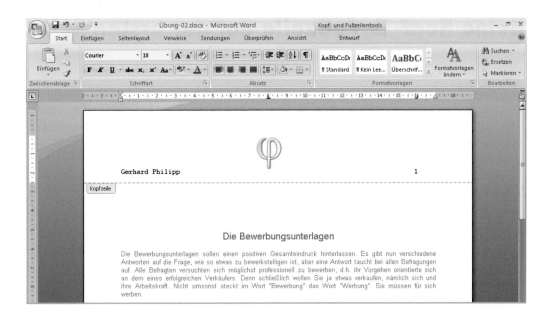

Schritt 4

Gegebenenfalls müssen Sie es noch an die richtige Position in der Kopfzeile schieben. Das wäre dann eine Aufgabe von Tabulatoren.

Schritt 5

Wenn Sie fertig sind, sollte es in etwa so aussehen:

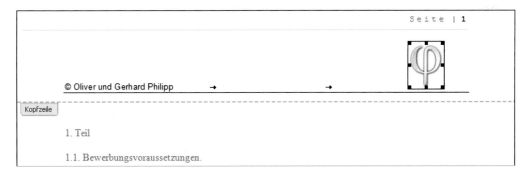

Hinweis

Warum konnte ich hier nicht einfach auf das Symbol für rechtsbündig klicken?

Das Symbol für rechtsbündig setzt alles an den rechten Rand. Wichtig im vorherigen Satz ist das Wort „alles". Das Symbol setzt alles in dieser Zeile an den rechten Rand. Im Beispiel also auch die Namen der Autoren. Wenn aber nur das Logo auf die rechte Seite soll, müssen Sie dies mit der [Tab]-Taste erreichen. Niemals mit Leerzeichen!!!

Keine Kopf- & Fußzeile auf der ersten Seite

Alles was in der Kopf- bzw. Fußzeile steht, wird auf jeder Seite des Textes ausgedruckt. Dieser Effekt ist aber nicht immer erwünscht. Stellen Sie sich einen längeren, offiziellen Brief vor, der auf der ersten Seite die Firmenanschrift tragen soll. Eine Seitennummer ist hierbei völlig unerwünscht. Aber natürlich soll auf den Folgeseiten eine Nummerierung durchgeführt werden. Dabei soll aber die erste Seite mitgezählt werden.

Schritt 1

Öffnen Sie dazu Ihre Kopfzeile. Im Bereich *Optionen* setzen Sie durch Klick ein Häkchen bei *Erste Seite anders*.

Schritt 2

Dadurch werden nun auf der ersten Seite keine Elemente der Kopfzeile ausgedruckt. Das heißt aber auch, dass Sie diese erste Seite auch unabhängig von den anderen Seiten gestalten können.

Haben Sie das Häkchen bei *Erste Seite anders* gesetzt, hat Ihnen Word 2007 nun zwei Kopfzeilen erzeugt: eine Kopfzeile für die erste Seite, *Erste Kopfzeile* genannt, und eine weitere für die Folgeseiten, einfach nur *Kopfzeile* genannt.

Natürlich sehen Sie diese *Erste Kopfzeile* nur, wenn Sie sich auch tatsächlich auf der ersten Seite Ihres Dokuments befinden.

Sie können sich das Ganze einmal auf der Registerkarte *Ansicht* ansehen. Klicken Sie dort auf den Befehl *Zwei Seiten*.

Merke

Wo ist jetzt die Fußzeile?

Durch Klick auf *Erste Seite anders* wird auch die Fußzeile auf dieser ersten Seite nicht mehr angezeigt. Wenn Sie aber trotzdem die Elemente der Fußzeile haben möchten, kopieren Sie sich diese Elemente von den Folgeseiten.

Nun sehen Sie die beiden Seiten nebeneinander und können die Wirkungsweise dieser verschiedenen Kopfzeilen sehen.

Die *Erste Kopfzeile* können Sie nun beispielsweise mit Ihrer Adresse versehen und die weiteren Kopfzeilen mit der Seitennummerierung.

Wenn Sie das Logo der Firma nun sowohl in der ersten Kopfzeile als auch

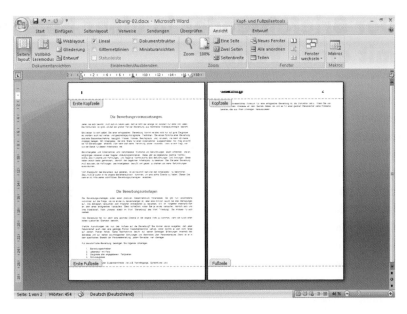

auf den folgenden haben möchten, müssen Sie es in beide integrieren.

Möchten Sie nun zum Bearbeiten in Ihre normale Ansicht zurückkehren, klicken Sie auf *Zoom* und wählen im anschließenden Fenster *100%*.

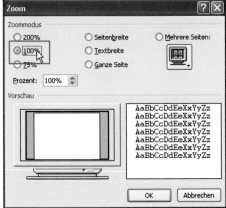

Merke

Beide Kopfzeilen können separat mit Inhalt versehen werden

Sowohl die *Erste Kopfzeile* wie auch die folgenden Kopfzeilen können nun separat mit Inhalt gefüllt werden. Sie sind unabhängig voneinander.

Der Briefabsender in einer Kopfzeile – mit einer Vorlage

Wenn Sie Briefe nicht mit dem am Anfang dieses Buches besprochenen Assistenten schreiben möchten, werden Sie sich wahrscheinlich eine Briefvorlage erstellen wollen, die Sie dann jedes Mal aufrufen, wenn Sie einen Brief schreiben möchten. Ein Brief sollte natürlich nicht nur die Anschrift, sondern auch die Adresse des Absenders tragen.

In umfangreichen Dokumenten macht es durchaus Sinn, die Adresse des Absenders in eine Kopfzeile zu setzen, auch wenn Sie sie nicht auf den Folgeseiten haben möchten. Teilen Sie Word einfach mit, dass Sie die Kopfzeile nur auf der ersten Seite haben möchten, und geben Sie sie dort ein. Die Kopfzeilen der Folgeseiten lassen Sie einfach leer.

In diesem Kapitel möchte ich mit Ihnen Ihre Absenderangabe in eine Kopfzeile setzen. Wie Sie Ihren Absender gestalten, hängt natürlich von Ihrer Kreativität ab. Dabei sollten Sie aber beachten, dass geschäftliche Briefvorlagen einen etwas konservativeren Stil haben sollten als Briefe an Freunde und Bekannte.

Für eine Schule würde sich folgender Stil anbieten:

GYMNASIUM „ZUM KLEINEN KOBOLD"
Gesamtschule des Waldkreises
12345 Kleines Wäldchen
Telefon: 555123/334-0 * Telefax: 555123/3345 * e-mail-Adresse: Zum-Kleinen-Kobold@Waldhaus.de
homepage: http://Waldhaus.de

Kleines Wäldchen, den 15.8.2007

Gymnasium „Zum Kleinen Kobold", 12345 Kleines Wäldchen

Herr und Frau
Berger
Frankfurter Straße 10 ¾

12346 Heidestadt

Hinweis

Briefvorlagen – warum Sie sich eine Vorlage erstellen sollten?

Wenn Sie sich Briefvorlagen erstellen, haben Sie jederzeit eine Vorlage, die Sie zum Schreiben von Briefen benutzen können. Sie müssen sich dann nicht jedes Mal darum kümmern, dass die Anschrift genau in das Sichtfenster des Briefumschlags passt. Und Sie brauchen dann auch nicht mehr jedes Mal Ihren Absender einzugeben, sondern können sich auf das Schreiben der Briefe konzentrieren.

Für den privaten Brief sind Sie in Ihren Stilmitteln natürlich wesentlich flexibler.

Susi Sorglos

Bergallee 9 ½
12345 Kleines Wäldchen
Tel: 555432 – 161517
e-mail: Susi.Sorglos@Sorglos.de

Ich möchte mit Ihnen nun beide Absender erstellen. Fangen wir mit der Schule an, denn das ist der einfachste Absender.

Sie öffnen ein leeres Dokument. Wenn Sie nicht möchten, dass auf den Folgeseiten die gleiche Adresse auftaucht, machen Sie ein Häkchen in den *Kopf- und Fußzeilentools* bei der Checkbox *Erste Zeile anders*.

Benutzen Sie als Kopfzeilenlayout *Alphabet*.

Dann schreiben Sie zunächst ganz klassisch den entsprechenden Absender in die Kopfzeile.

Sollte der Absender nicht zentriert sein, markieren Sie ihn und klicken auf das Zentrieren-Symbol in der Registerkarte *Start*.

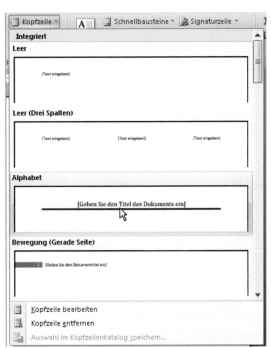

Hinweis

Wie benutzen Sie solche Vorlagen?

Sie öffnen Ihre Vorlagendatei so wie jedes andere Word-Dokument auch. Dann schreiben Sie Ihren Brief und speichern ihn – das ist wichtig – unter einem anderen Namen ab. So haben Sie Ihre Vorlagendatei immer leer zur Verfügung.

Merke

Erste Kopfzeile

Sollten Sie nicht in der *Ersten Kopfzeile* stehen, gehen Sie in die *Erste Kopfzeile* zum Eingeben der Adresse.

167

Der Briefabsender in einer Kopfzeile – mit einer Tabelle

Ein Absender in einer privaten Korrespondenz könnte etwas anders aussehen. Wenn Sie zum Beispiel Ihren Namen auf der linken, Ihre Adresse aber auf der rechten Seite haben möchten, können Sie das einmal mit Tabulatoren machen. Einfacher ist es aber, wenn Sie auch hierfür die Tabellenfunktion benutzen.

Schritt 1

Erzeugen Sie eine Kopfzeile. Wählen Sie nun aber *Kopfzeile bearbeiten*, um eine unformatierte Kopfzeile zu erhalten.

Schritt 2

Gehen Sie nun in die Registerkarte *Einfügen* und fügen Sie eine einzeilige und dreispaltige Tabelle ein.

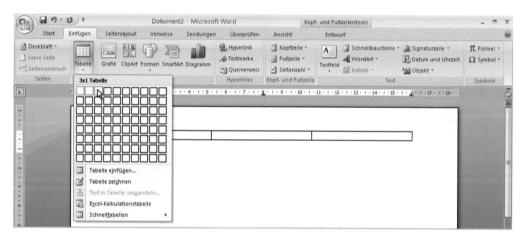

Tipp

Absender in eine Kopfzeile

Wenn Sie den Absender in eine Kopfzeile setzen, wird er, das wissen Sie inzwischen, auf jeder Seite Ihres Dokuments erscheinen. Das ist bei umfangreichen Briefen durchaus sinnvoll. Bedenken Sie aber, dass, wenn Sie auf der ersten Seite einen großzügig gestylten Absender haben, dieser auf den anderen Seiten natürlich genauso großzügig sein wird. Das ist aber in der Regel nicht sinnvoll, deshalb sollten Sie auf der ersten Seite einen anderen Absenderstil nehmen als auf den Folgeseiten.

Schritt 3

Füllen Sie die einzelnen Zellen mit Ihrer Adresse aus.

Susi Sorglos		Bergallee 9 ½
		12345 Kleines Wäldchen
		Tel: 555432 – 161517
		e-mail: Susi.Sorglos@Sorglos.de

Kopfzeile

Schritt 4

Der Vor- und Zuname in der ersten Spalte soll größer und innerhalb dieser ersten Spalte zentriert werden. Dazu markieren Sie die erste Spalte.

Schritt 5

Wählen Sie nun in den *Tabellentools* die Registerkarte *Layout*. Dort klicken Sie auf *Zellen verbinden*.

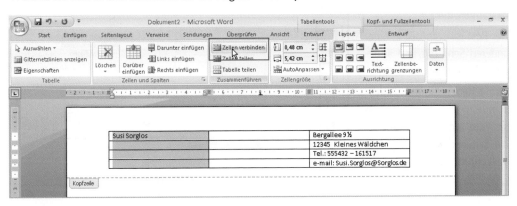

Nun haben Sie in der ersten Spalte nur eine einzige Zelle.

Hinweis

Tabulatoren funktionieren natürlich auch

Wem der Umgang mit Tabellen noch zu aufwendig ist, dem sei gesagt, dass das alles auch mit richtig gesetzten Tabulatoren funktioniert.

Schritt 6

Wählen Sie jetzt in der Gruppe *Ausrichtung Text vertikal zentrieren*.

		Bergallee 9 ½
Susi Sorglos		12345 Kleines Wäldchen
		Tel: 555432 – 161517
		e-mail: Susi.Sorglos@Sorglos.de

Schritt 7

Jetzt stören eigentlich nur noch die Gitternetzlinien. Entfernen Sie diese, indem Sie die gesamte Tabelle markieren. Gehen Sie dann in den *Tabellentools* in die Registerkarte *Entwurf*. Dort klicken Sie bei *Rahmenlinien zeichnen* auf den kleinen Pfeil unten rechts.

Schritt 8

Hier wählen Sie bei der Kategorie *Einstellung Ohne* an und bestätigen mit *OK*.

Der Rest ist eventuell in einer anderen Schriftart und anderen Schriftgröße.

Damit haben Sie Ihre Adresse nun in einer Kopfzeile und sie wird automatisch auf jeder Seite eines langen Briefes ausgedruckt.

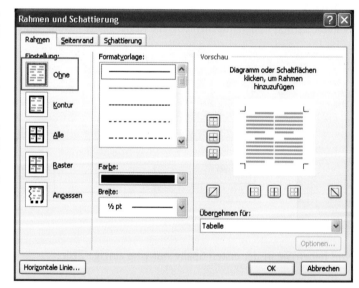

Hinweis

Es geht auch mit nur einer Zeile

Im Beispiel haben Sie drei Spalten und vier Zeilen benutzt. In jeder Zeile steht ein Teil Ihrer Adresse. Natürlich hätten Sie das alles auch mit drei Spalten und nur einer Zeile machen können.

13

Wie wird das Dokument beim Druck aussehen? – Die Seitenvorschau nutzen

Wie kann ich zwei und mehr Seiten gleichzeitig sehen?

Bevor Sie ein Dokument drucken, sollten Sie es sich vorher am Bildschirm anschauen. Und zwar so, wie es letztendlich dann auch auf dem Drucker erscheinen wird. Diese Vorschau hat den Vorteil, dass Sie Ihre Druckkosten senken. Sie sollten aber auf der anderen Seite auch nicht stur jeden Probeausdruck vermeiden, nach dem Motto: „Ich schau es mir in der Vorschau an, dann brauche ich keinen Probeausdruck." Manchmal, gerade wenn es zum Beispiel um Briefvorlagen geht, ist ein Probeausdruck nötig, um wirklich zu sehen, ob die Adresse auch tatsächlich im Sichtfenster des Briefumschlags erscheint.

Aber in vielen Fällen sollten Sie Ihr Dokument erst einmal am Bildschirm betrachten.

Schritt 1

Öffnen Sie das Dokument.

Schritt 2

Klicken Sie in der Registerkarte *Ansicht* auf *Zwei Seiten*. Schon sehen Sie zwei Seiten Ihres Textes verkleinert. Haben Sie nicht nur zwei, sondern mehrere Seiten, können Sie mit den Tasten (Bild↓) und (Bild↑) immer in Ihrem Text zwei Seiten weiter bzw. zwei Seiten zurückwandern.

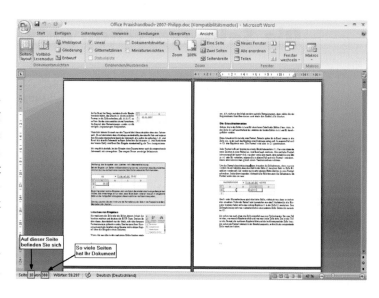

Alternativ können Sie auch mit der Bildlaufleiste rechts auf andere Seiten wechseln.

Möchten Sie jetzt wieder zu Ihrer normalen Ansicht zurück, klicken Sie auf *Zoom* und wählen dann *100%*.

Hinweis

In dieser Seitenvorschau sollten Sie nicht arbeiten

Obwohl es möglich ist, in der Seitenvorschau auch Text einzugeben und zu bearbeiten, sollten Sie es in dieser Darstellung nicht tun. Die Seitenvorschau sollte nur dazu dienen, das Aussehen des Textes zu überprüfen.

Hinweis

Die Seitennummer unten links

Die Seitennummer, die Sie links unten sehen, ist unabhängig davon, ob Sie selbst eine Seitennummerierung in Ihrem Dokument haben oder nicht.

So bewegen Sie sich optimal durch ein langes Dokument

Mit den Tasten (Bild↓) und (Bild↑) kommen Sie eine Bildschirmseite weiter oder zurück. Ebenso können Sie sich an der Bildlaufleiste durch einen Text bewegen. Aber eine weitaus bessere Möglichkeit, sich durch einen umfangreichen Text zu bewegen, bietet die Miniaturansicht.

Klicken Sie in der Registerkarte *Ansicht* auf *Miniaturansichten*. Word zeigt Ihnen nun auf der linken Seite des Bildschirms die ersten Seiten Ihres Dokuments.

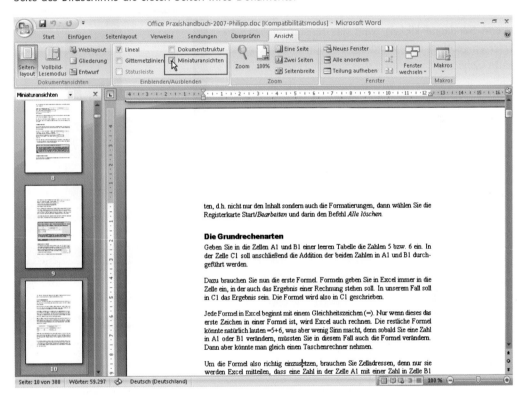

Auch die Miniaturansicht hat eine Bildlaufleiste.

Mit dieser Bildlaufleiste wandern Sie ganz schnell von einer Seite auf die andere.

Sofern Sie die Miniaturansicht nicht mehr möchten, entfernen Sie einfach das Häkchen bei *Thumbnails* in der Registerkarte *Ansicht*.

Die absolut schnellste Möglichkeit, in einem umfangreichen Dokument auf eine bestimmte Seite zu gelangen, ist der Befehl *Gehe zu* der Gruppe *Suchen* in der Registerkarte *Start*.

Wenn Sie darauf klicken, wird das Fenster *Suchen und Ersetzen* geöffnet und Word steht schon in der Registerkarte *Gehe zu*.

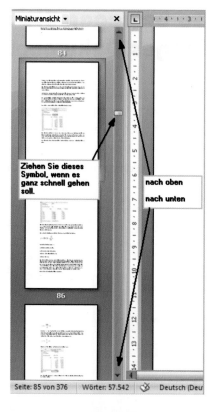

Tragen Sie die gewünschte Seitenzahl ein und klicken Sie dann auf *OK*.

Tipp

Das Gehe zu-Fenster mit einer Taste öffnen

Sehr schnell und komfortabel öffnen Sie das *Gehe zu*-Fenster mit der Taste F5.

14

Die Rechtschreibprüfung clever nutzen

Die Rechtschreibprüfung einsetzen

Bevor Sie Ihren Text drucken, sollten Sie ihn von Word auf Rechtschreibfehler überprüfen lassen, falls Sie das nicht schon selbst gemacht haben. Auch wenn Sie sicher sind, die deutsche Sprache recht gut zu beherrschen, gibt es doch immer wieder etwa Buchstabendreher in Wörtern. Und diese Dreher sind nicht leicht zu finden, denn wir haben die Angewohnheit, beim Lesen nicht das gesamte Wort zu lesen, sondern nur einzelne Buchstaben am Anfang und am Ende und unser Gehirn setzt daraus das Wort zusammen.

Ich neemhe eiamnl an, Sei kenönn deiesn Txet rehct gtu lseen. Und weil Sie beim Lesen einzelne Buchstaben überspringen, werden Sie damit auch einige Fehler überspringen. Und vor allen Dingen: Sind Sie mit der neuen deutschen Rechtschreibung schon vertraut?

Bei alledem kann Ihnen Word 2007 helfen. Also unterziehen Sie vor dem Drucken Ihr Dokument einer Rechtschreibprüfung.

Schritt 1

Öffnen Sie Ihr Dokument. Wählen Sie dann aus der Registerkarte *Überprüfen* die Gruppe *Dokumentprüfung*. Darin wählen Sie nun *Rechtschreibung und Grammatik*.

Schritt 2

Sobald Word auf einen Fehler trifft, wird die Rechtschreibprüfung angehalten und Sie müssen entscheiden, was getan werden soll.

Hinweis

Die Rechtschreibprüfung ist gut, aber nicht perfekt

Bedenken Sie bitte, dass die Rechtschreibprüfung zwar wirklich gut ist, aber niemals perfekt sein kann. Auch wenn Word Ihnen keine Fehler meldet, können in Ihrem Dokument trotzdem noch Fehler enthalten sein. So wird Word das Wort *Bunt* nicht monieren, aber im Zusammenhang von *Bund für Umwelt und Naturschutz* wäre die Schreibweise offensichtlich falsch.

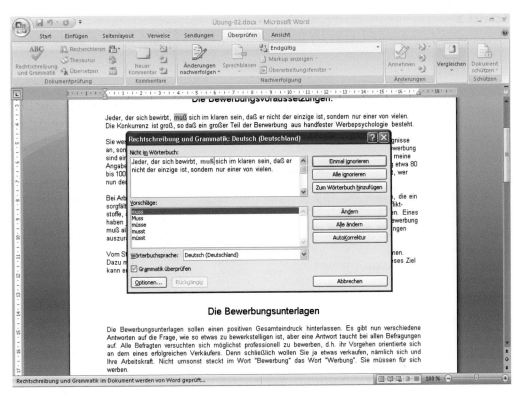

Hier wurde das Wort *muß* offenbar falsch geschrieben, und Word macht Ihnen im unteren Teil des Fensters Vorschläge. Und auf der rechten Seite stehen verschiedene Schaltflächen, bei denen Sie sich nun entscheiden müssen, was zu tun ist.

Nun, der Vorschlag *muß* durch *muss* zu ersetzen, erscheint nach der neuen Rechtschreibung sinnvoll. Nun könnten Sie auf *Ändern* klicken und Word würde den Vorschlag übernehmen und weitermachen.

Wenn Sie aber vermuten, dass Sie im weiteren Text noch mehrfach *muß* statt *muss* geschrieben haben, könnten Sie auch auf *Alle ändern* klicken und Word korrigiert automatisch im gesamten Text diesen Fehler.

Hinweis

Was ist für Word eigentlich alles falsch?

Word wird Ihnen im Laufe der Rechtschreibprüfung nicht nur offensichtlich falsche Wörter anzeigen, sondern allgemein alle Wörter, die nicht im Word-Wörterbuch enthalten sind. Das heißt, Sie können auch Wörter angezeigt bekommen, die richtig geschrieben, aber nicht im Wörterbuch zu finden sind.

Schritt 3

Klicken Sie also auf *Ändern*. Word wird nun zum nächsten falschen Wort springen und Sie müssen sich wieder entscheiden.

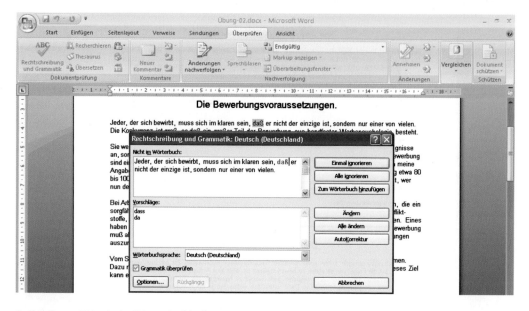

Sollte Ihnen Word ein Wort als falsch anzeigen, bei dem Sie sicher sind, dass es richtig geschrieben ist, können Sie entscheiden, ob Sie es in das Wörterbuch aufnehmen möchten oder nicht.

Der physikalische Begriff Quantenchromodynamik ist zwar richtig geschrieben, aber Word unbekannt. Möchten Sie ihn zukünftig im Wörterbuch haben, klicken Sie auf *Zum Wörterbuch hinzufügen*.

Tipp

Was sollten Sie ins Wörterbuch hinzufügen?

Fügen Sie alles hinzu, was in Ihrem Alltag, beruflich oder privat, wichtig ist. Dazu gehören auch berufliche Fremdwörter. Personennamen wie Müller, Meier etc. sollten Sie nicht ins Wörterbuch aufnehmen.

Quantenchromodynamik

Hat Word ein Fremdwort gefunden, aber Sie möchten es nicht ins Wörterbuch aufnehmen, klicken Sie entweder auf *Einmal ignorieren* oder *Alle ignorieren*.

Befehl	Das macht Word
Einmal ignorieren	Word zeigt Ihnen ein Wort als falsch an, es ist jedoch richtig geschrieben. Mit diesem Befehl veranlassen Sie Word, mit der Prüfung fortzufahren.
Alle ignorieren	Word zeigt Ihnen ein Wort als falsch an, es ist jedoch richtig geschrieben. Dieses Wort taucht öfter im Text auf. Damit Word es nun nicht jedes Mal als falsch anzeigt, klicken Sie auf *Alle ignorieren*.
Zum Wörterbuch hinzufügen	Fügt ein Wort ins Wörterbuch ein.
Ändern	Übernimmt einen Rechtschreibvorschlag ins Dokument.
Alle ändern	Wenn Sie vermuten, dass das angezeigte falsche Wort mehrfach im Text vorkommt, können Sie mit *Alle ändern* Word veranlassen, dieses Wort im gesamten Text zu ändern.

Hinweis

Alle ignorieren

Haben Sie in Ihrem Dokument mehrfach einen Herrn Maier, werden bei *Alle ignorieren* alle Maier mit ai nicht mehr als falsch angezeigt. Taucht aber ein Meier mit ei auf, zeigt Word Ihnen wieder einen Fehler.

Die Grammatikprüfung einsetzen

Nicht nur die Rechtschreibung kann Word 2007 überprüfen, sondern auch grammatische Strukturen. In der Regel hat Word die Grammatikprüfung schon eingeschaltet. Sollte das bei Ihnen nicht der Fall sein, können Sie sie im Fenster der Rechtschreibprüfung einschalten.

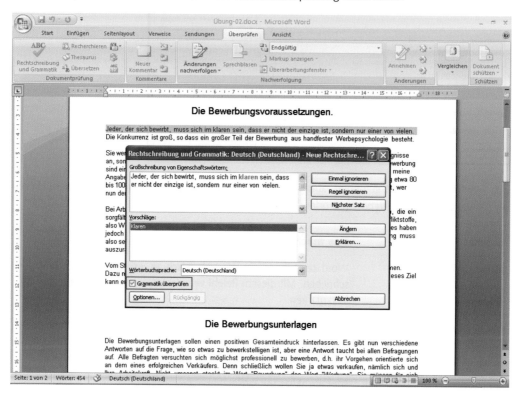

Sollte Word bei der Grammatikprüfung auf einen bedenklichen Satz stoßen, wird dieser Satz markiert und Word teilt Ihnen mit, was an diesem Satz auszusetzen ist. Im obigen Beispiel ist das Wort *klaren* kleingeschrieben, müsste aber in diesem Zusammenhang großgeschrieben werden.

Hinweis

Die Grammatikprüfung ist auch nicht immer korrekt

Unsere Sprachen sind viel zu komplex und mit viel zu vielen Ausnahmen versehen, als dass man sagen könnte, Word 2007 würde jede Unzulänglichkeit im Text feststellen. Geben Sie sich also auch hier nicht einer Sicherheit hin, die nicht vorhanden ist.

Möchten Sie zu dem grammatischen Problem noch weitere Informationen, klicken Sie auf *Erklären*. Word versucht nun eine Erklärung.

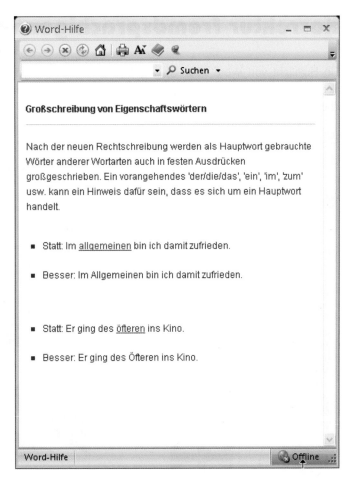

Hinweis

Die Schaltflächen der Grammatikprüfung

Die Schaltflächen, die bei der Grammatikprüfung auftauchen, sind nahezu identisch mit denen der Rechtschreibprüfung.

Korrektur fremdsprachiger Texte

Ein Highlight von Word 2007 ist die Möglichkeit, auch englische und französische Texte einer Rechtschreib- und Grammatikprüfung zu unterziehen. Dabei erkennt Word automatisch, in welcher Sprache ein Text geschrieben wurde.

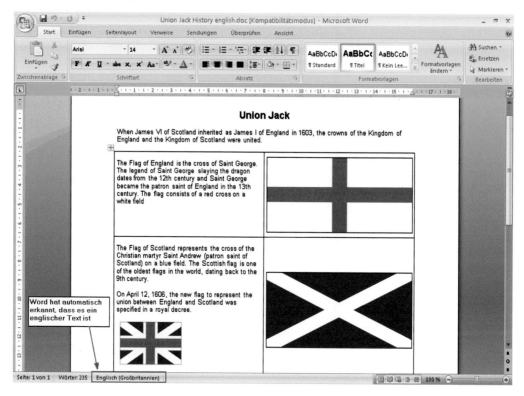

Die Rechtschreib- und Grammatikprüfung verläuft wie in der deutschen Prüfung.

In der deutschen Office-Version sind auch die Wörterbücher für die englische und französische Sprache enthalten. Andere Sprachen müssen separat hinzugekauft werden.

Hinweis

Erkennung fremdsprachiger Texte

Word 2007 erkennt nicht nur fremdsprachige Texte, sondern auch fremdsprachige Absätze in einem ansonsten in deutscher Sprache verfassten Dokument.

15

So drucken Sie Ihre Dokumente optimal aus

Welchen Druckertyp brauchen Sie?

Jedes Dokument, das Sie erstellt haben, soll natürlich irgendwann einmal ausgedruckt werden. Dazu ist ein Drucker erforderlich. Für welchen Druckertyp Sie sich entscheiden, hängt davon ab, für was Sie den Ausdruck brauchen.

Für den „normalen" Anwender gibt es zwei unterschiedliche Druckertypen: den Tintenstrahldrucker und den Laserdrucker.

Ein **Tintenstrahldrucker** druckt mit kleinen Tintentröpfchen, die mit hoher Geschwindigkeit auf ein Blatt Papier geschossen werden. Die Qualität des Ausdrucks ist heute schon ziemlich berauschend und so erfreut sich dieser Druckertyp einer großen Beliebtheit. Dazu sind die Drucker in der Anschaffung sehr preisgünstig. Man kann heute schon für unter 100 Euro einen Tintenstrahldrucker erwerben, der auch in der Lage ist, das Dokument farblich in sehr guter Qualität auszudrucken.

Für den Hausgebrauch, für Einladungen oder für schulische Zwecke reicht die Qualität eines solchen Druckers sicher aus, zumal selbst Bilder damit ausgedruckt werden können.

Nachteilig wirkt leider aber aus, dass diese Drucker im Unterhalt recht teuer sind. Der Verbrauch an Farbpatronen kann sehr groß sein und neue Originalpatronen lassen sich die Firmen sehr teuer bezahlen. No-Name-Produkte überzeugen in vielen Fällen auch nicht, denn sie haben oft eine schlechtere Druckqualität zur Folge.

Und der andere Nachteil dieses Druckertyps: Er ist recht langsam. Ein bis zwei Minuten für einen Farbausdruck können schon ins Land ziehen.

Der **Laserdrucker** lädt das eingezogene Papier statisch auf und dort, wo es aufgeladen wurde, bleiben die Tonerpartikel hängen und es entstehen Buchstaben oder Bilder.

Laserdrucker sind in der Anschaffung teurer als Tintenstrahldrucker und haben eine wesentlich bessere Druckqualität. Dazu sind sie in der Regel aber sehr viel schneller beim Ausdrucken als ihre Tintenstrahl-Kollegen.

Inzwischen gibt es heute auch schon bezahlbare Laserdrucker, die auch farbig ausdrucken können. Aber sie sind trotzdem noch sehr viel teurer als ihre schwarz-weißen Kollegen.

Eines gemeinsam haben sie aber alle: Sie brauchen eine Software, die dem Drucker die richtigen Befehle sendet. Diese Software liegt den Druckern bei und muss nur installiert werden. Ohne Installation dieser Druckertreiber, wie man sie nennt, ist teilweise nicht einmal die Seitenvorschau von Word möglich.

Merke

Der Tintenstrahldrucker

Anschaffung: preiswert
Unterhalt: teuer
Druck: vergleichsweise langsam
Druckqualität: befriedigend bis sehr gut

Merke

Der Laserdrucker

Anschaffung: teuer
Unterhalt: preisgünstiger
Druck: sehr schnell
Druckqualität: exzellent

Das Drucken – erste Möglichkeit

Es gibt zwei Möglichkeiten, Ihr Dokument auszudrucken. In diesem Kapitel werden wir uns beide Möglichkeiten anschauen.

Schritt 1

Sie wählen über das Datei-Menü (= Klick auf die Office-Schaltfläche) den Befehl *Drucken* an.

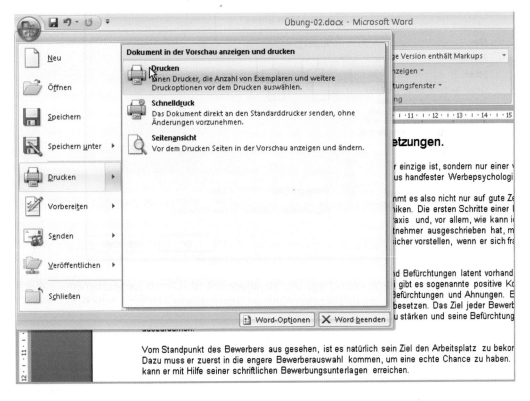

Schritt 2

Es öffnet sich das *Drucken*-Fenster.

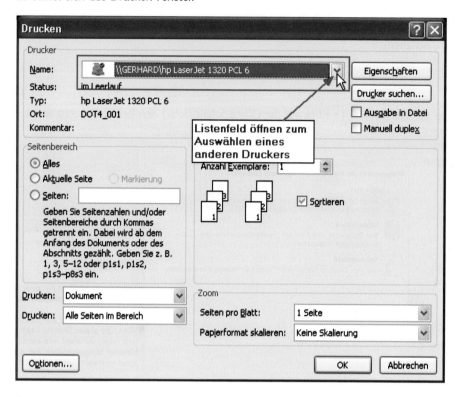

Überprüfen Sie zunächst, ob der richtige Drucker angewählt ist. Öffnen Sie gegebenenfalls durch einen Klick das Listenfeld, um den richtigen Drucker auszuwählen.

Schritt 3

Wenn Sie nun Ihr gesamtes Dokument ausgedruckt haben möchten, klicken Sie einfach auf *OK*.

Hinweis

Kann man mit dem Farbdrucker auch Schwarz-Weiß drucken?

Ja, das ist eigentlich kein Problem. Sie müssen es Ihrem Drucker nur sagen. In der Regel sind solche Dinge im *Eigenschaften*-Feld des *Drucken*-Menüs verborgen.

Nur bestimmte Seiten sollen gedruckt werden

Möchten Sie aus einem 30-seitigen Dokument nur die Seiten 1 bis 10 ausdrucken lassen, tragen Sie das im Druckmenü über den *Seitenbereich* ein.

Möchten Sie hingegen nur die Seiten 1, 3 und 5 ausgedruckt haben, schreiben Sie diese Seitennummer, durch Semikola getrennt, in den *Seitenbereich*.

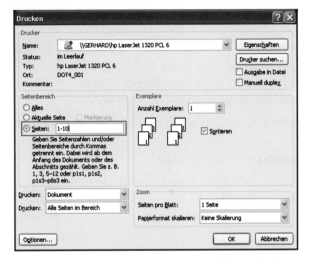

Möchten Sie aber nur die Seite ausgedruckt haben, auf der gerade der Cursor steht, klicken Sie einfach auf *Aktuelle Seite*.

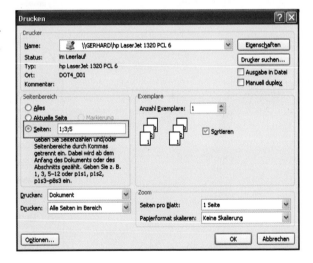

Hinweis

Sie müssen keine Seitennummerierung haben

Um bestimmte Seiten auszudrucken, müssen Sie Ihr Dokument nicht zwangsläufig mit Seitenzahlen ausgestattet haben. Sie können auch, ohne selbst eine Seitennummerierung integriert zu haben, einzelne Seiten beim Drucken ansprechen.

Hinweis

Was ist die aktuelle Seite?

Die aktuelle Seite ist nicht die Seite, die Sie gerade lesen, sondern die, an der die Einfügemarke/der Cursor steht. Und das muss nicht unbedingt dieselbe Seite sein. Also Vorsicht beim Klick auf *Aktuelle Seite* im Seitenbereich.

Das Drucken – zweite Möglichkeit

Möchten Sie Ihre gesamte Datei ausdrucken und Sie wissen genau, welcher Drucker ausgewählt ist, dann genügt auch ein Klick auf das Druckersymbol in Ihrer Multifunktionsleiste.

Wenn Sie mit dem in der Abbildung hervorgehobenen Schnelldruck-Symbol drucken, wird immer der gesamte Text ausgedruckt.

Sollten Sie das Symbol für den Schnelldruck nicht haben, machen Sie Folgendes:

Schritt 1

Klicken Sie auf das Dreieck zum Anpassen der Symbolleiste.

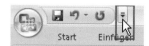

Schritt 2

Wählen Sie *Schnelldruck*.

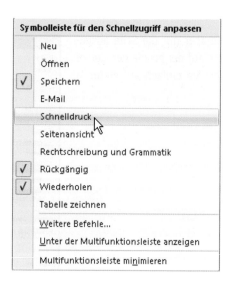

16

Einladungen und Werbebriefe – so nutzen Sie die Serienbrieffunktion

Erstellen einer Adressdatei in Word

Serienbriefe sind Dokumente, die eigentlich aus zwei Dateien bestehen. In der einen Datei sind die variablen Elemente enthalten, in der anderen Datei finden sich die in jedem Brief gleichen Elemente. Beide Dateien kann man in Word anlegen. Wir möchten mit Ihnen nun einen kleinen Serienbrief erstellen, mit dem Sie Ihre Freunde und Bekannten zum nächsten Geburtstag einladen können. Dazu brauchen Sie zunächst einmal eine Adressenliste.

Schritt 1

Erstellen Sie eine normale Tabelle mit der Tabellenfunktion.

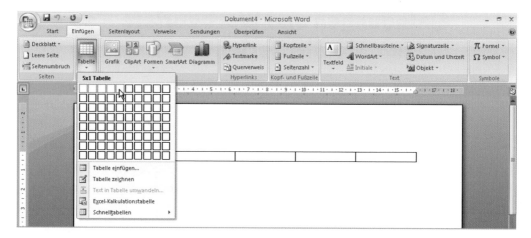

Schritt 2

Tragen Sie nun, wie im Kapitel über Tabellen besprochen, die Adressen Ihrer Freunde und Bekannten ein.

Vorname	Nachname	Straße	PLZ	Ort
Max	Meier	Bergallee 9	12345	Feldhausen
Lisa	Müller	Kronenweg 13	12345	Feldhausen
Petra	Neumann	Prinzengasse 26	12346	Neudorf
Rainer	Zufall	An der Weide 3	12346	Neudorf
Hans	Wurst	Metzgergasse 7	12344	Altstadt

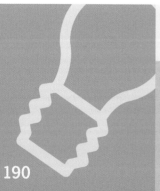

Hinweis

Adressenliste mit sehr vielen Adressen

Haben Sie nur eine Liste mit wenigen Adressen, sagen wir bis zu 100, dann können Sie diese Liste problemlos in Word erstellen. Haben Sie aber sehr viele Adressen zu verarbeiten, sollten Sie daran denken, diese in eine Excel-Tabelle einzugeben. Wie das geht, sagt Ihnen der Titel „Das visuelle Einsteigerbuch für Excel 2007", ebenfalls aus der Reihe „Sehen & Verstehen" aus dem DATA BECKER-Verlag.

Schritt 3

Im Serienbrief möchten wir aber auch individuelle Anreden wie „Sehr geehrte Frau Müller" oder „Sehr geehrter Herr Meier" verwenden, und deshalb muss in unsere Tabelle noch eine weitere Spalte eingefügt werden. In dieser Spalte unterscheiden Sie Männer von Frauen. Wo Sie diese zusätzliche Spalte hinsetzen, ist unerheblich.

Markieren Sie dazu eine Spalte und klicken Sie dann mit der rechten Maustaste in diese markierte Spalte.

Wählen Sie *Einfügen* und dann entweder *Spalte links einfügen* oder *Spalte rechts einfügen*, je nachdem, wo Sie sie haben wollen.

Tipp

Wie viele Spalten brauchen Sie

Sie können natürlich die Spalte, in der Sie Männlein von Weiblein unterscheiden, auch gleich von vornherein berücksichtigen. Deshalb ein Tipp: Machen Sie sich vorher klar, welche Spalten Sie in Ihrer Liste brauchen. In diese Liste gehört alles, was später variabel im Brief erscheinen soll.

Schritt 4

Wie Sie die Unterscheidung machen, ist eigentlich gleichgültig, es genügt, in die neue Spalte ein m für männlich oder ein w für weiblich zu setzen. Aber Sie können auch gern Mann oder Frau dort eintragen, letztendlich bleibt es Ihnen überlassen.

Vorname	Nachname	Geschlecht	Straße	PLZ	Ort
Max	Meier	M	Bergallee 9	12345	Feldhausen
Lisa	Müller	W	Kronenweg 13	12345	Feldhausen
Petra	Neumann	W	Prinzengasse 26	12346	Neudorf
Rainer	Zufall	M	An der Weide 3	12346	Neudorf
Hans	Wurst	M	Metzgergasse 7	12344	Altstadt

Schritt 5

Ob Sie die Überschriften fett schreiben, bleibt Ihnen überlassen, es ist nicht nötig. Aber es ist nötig, dass **jede** Spalte eine Überschrift besitzt. Spalten ohne Überschriften werden in einem Serienbrief Probleme bereiten.

Auch eine Sortierung der Liste ist nicht nötig. Sollte übrigens eine der Spalten zu klein für deren Inhalt sein, brauchen Sie in diesem Fall die Spalte auch nicht unbedingt zu vergrößern. Es ist also kein Problem, wenn zum Beispiel ein Teil der Straße eine Zeile tiefer rutschen würde. Also so etwas wie in der folgenden Abbildung braucht Ihnen keine Sorgen zu machen:

Vorname	Nachname	Geschlecht	Straße	PLZ	Ort
Max	Meier	M	Bergallee 9	12345	Feldhausen
Lisa	Müller	W	Kronenweg 13	12345	Feldhausen
Petra	Neumann	W	Prinzengass e 26	12346	Neudorf
Rainer	Zufall	M	An der Weide 3	12346	Neudorf
Hans	Wurst	M	Metzgergas se 7	12344	Altstadt

Schritt 6

Speichern Sie diese Adressdatei nun ab und schließen Sie sie.

Hinweis

Alles in eine Tabelle oder lieber mehrere Tabellen?

Geben Sie alle Adressen in eine gemeinsame Tabelle ein, auch wenn Sie für einen speziellen Brief nur Adressen einer bestimmten Stadt brauchen. Auf Seite 204 werden Sie erfahren, wie Sie bestimmte Adressen aus Ihrer Liste beim Ausdrucken herausfiltern können.

Eine Einladung zur Vereinssitzung

Als Nächstes werden wir nun den Einladungsbrief schreiben. Dieser wird den Text enthalten, den jeder aus unserer Adressenliste erhalten wird. Zunächst wird diese Einladung in einem leeren Dokument erstellt. Aber es ist auch möglich, ein schon fertig geschriebenes Dokument als Serienbrief zu benutzen.

Schritt I

Erstellen Sie eine neue, leere Datei. Wählen Sie in der Registerkarte *Sendungen* den Befehl *Seriendruck starten*.

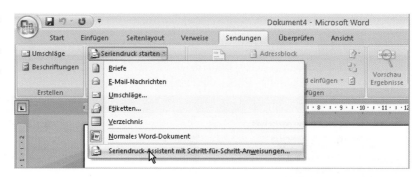

Schritt 2

Klicken Sie auf *Seriendruck-Assistent mit Schritt-für-Schritt-Anweisungen...*

Auf der rechten Seite erscheint nun der erste Schritt des Assistenten. Hier wählen Sie *Briefe* und klicken unten auf *Weiter: Dokument wird gestartet*.

Schritt 3

Im zweiten Schritt des Assistenten wählen Sie *Aktuelles Dokument verwenden*. Damit sagen Sie Word, dass Sie dieses gerade erstellte, leere Dokument benutzen möchten. Etwas später zeige ich Ihnen, wie Sie auch ein fertiges Dokument zu einem Serienbrief machen können.

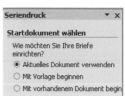

Hinweis

Serienbbrief mit Assistenten

Wir schauen uns einen Serienbrief mithilfe des Assistenten an. Ich will Ihnen nicht verheimlichen, dass Sie einen Serienbrief auch ohne den Assistenten erstellen konnen. Aber damit sollten Sie sich erst dann ernsthaft beschäftigen, wenn Sie die Handhabung des Assistenten verstanden haben. Das Buch „Office 2007 – das Praxishandbuch" oder auch „Das große Buch Office 2007" aus dem Verlag DATA BECKER zeigen Ihnen weitere Möglichkeiten auf.

Klicken Sie unten auf *Weiter: Empfänger wählen*:

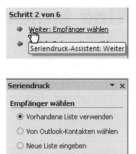

Schritt 4

Nehmen Sie nun *Vorhandene Liste verwenden* und klicken Sie auf *Durchsuchen*. Gehen Sie auf der Festplatte in den Ordner, in dem Sie die vorhin erstellte Adressendatei gespeichert haben, klicken Sie sie an und wählen Sie dann *Öffnen*.

Hinweis

Sie haben bei einem Schritt etwas falsch gemacht

Sollten Sie bei einem der vielen Schritte etwas Falsches ausgewählt haben, können Sie in der Regel mit dem Assistenten einen Schritt zurückgehen.

Schritt 5

Nun bekommen Sie alle Empfänger aufgelistet und werden gefragt, ob Sie alle diese Adressen benutzen möchten. Klicken Sie auf *OK*, denn wir wollen alle benutzen.

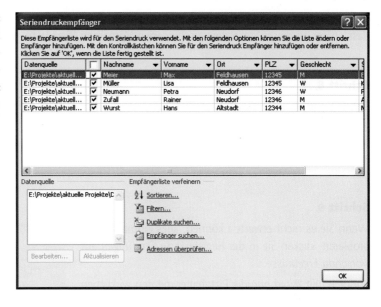

Schritt 6

Inzwischen ist in der Multifunktionsleiste eine Gruppe *Felder schreiben und einfügen* aktiviert worden. Klicken Sie das Dreieck bei *Seriendruckfeld einfügen* an.

Es erscheinen alle Überschriften Ihrer Adressenliste. Klicken Sie *Vorname* an.

Hinweis

Die Seriendruckfelder

Diese Seriendruckfelder fungieren in einem Serienbrief quasi als Platzhalter für die eigentlichen Namen, die erst später endgültig eingesetzt werden. Hier dienen diese Feldnamen nur dazu, dass Sie sich ein Bild vom wirklichen Layout Ihres Briefes machen können.

Schritt 7

Es erscheint <<Vorname>> an der Stelle, an der die Einfügemarke stand. Das heißt für Word nun, dass später an dieser Stelle die verschiedenen Vornamen Ihrer Liste gedruckt werden.

Schritt 8

Geben Sie jetzt ein Leerzeichen ein und fügen Sie die weiteren Adressfelder in Ihren Brief ein. Benutzen Sie diese Platzhalter genauso, als würden Sie tatsächlich eine Briefadresse schreiben. Ihr Dokument sollte dann so ähnlich aussehen:

Schritt 9

Wenn Sie es nicht erwarten können, alles einmal auszuprobieren, klicken Sie in der Registerkarte *Sendungen* auf *Vorschau Ergebnisse*.

Dadurch füllt Word nun die Platzhalter mit den wirklichen Adressen. Mit den Dreiecken können Sie zur nächsten Adresse und zurück gehen. Klicken Sie erneut auf *Vorschau Ergebnisse*, um zu den Platzhaltern zurückzukehren.

Bei der Adresse fehlt doch noch etwas

Unsere Adresse sieht zwar schon recht gut aus und Word trägt auch scheinbar alle Inhalte wirklich an den richtigen Positionen ein. Aber trotzdem ist die Adresse noch nicht vollständig.

Richtig! Eigentlich müsste es heißen:

```
Herrn

Max Meier

Bergallee 9

12345 Feldhausen
```

Und für eine Frau entsprechend:

```
Frau

Lisa Müller

Kronenweg 13

12345 Feldhausen
```

Hinweis

Ich habe einen Platzhalter an die falsche Stelle gesetzt

Macht nichts. Sie können die Platzhalter genauso benutzen wie normalen Text. Sie können sie löschen, indem Sie sie markieren und mit der (Entf)-Taste entfernen. Sie können sie aber auch nach den bekannten Methoden verschieben oder kopieren.

Natürlich müssen Sie das nicht jedes Mal selbst zu einer Adresse dazuschreiben, denn dann könnten Sie die ganzen Briefe auch gleich selbst schreiben.

Word bietet für diesen Fall eine sehr mächtige Funktion an: die sogenannte WENN-Funktion. Und nun wird sich unsere Spalte mit dem Geschlecht als sehr hilfreich erweisen.

Klicken Sie also vor den ersten Platzhalter und schieben Sie die Adresse mit [Enter] nach unten.

Schritt 1

Dazu klicken Sie in der Registerkarte *Sendungen* in der Gruppe *Felder schreiben und einfügen* auf den Befehl *Regeln*.

Schritt 2

Wählen Sie *Wenn... Dann... Sonst...*

Schritt 3

Klappen Sie das Listenfeld auf und wählen Sie *Geschlecht*. Lassen Sie *Vergleich* auf *Gleich* und tragen Sie bei *Vergleichen mit* ein W ein. Hierbei müssen Sie aber Groß- und Kleinschreibung berücksichtigen. Haben Sie das W in Ihrer Spalte kleingeschrieben, muss auch hier ein kleines *w* hinein.

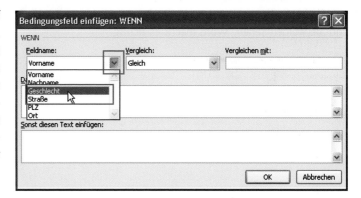

Hinweis

Herrn oder Frau oder gar nichts?

Leider bürgert es sich in Briefen immer mehr ein, die Adressanreden „Herrn" und „Frau" einfach wegzulassen. Ob das bei den Briefeschreibern nun Faulheit oder Unwissenheit im Umgang mit dem Computer ist, vermag ich nicht zu sagen. Aber Sie können nun gleich Ihre Adresse richtig schreiben und brauchen sich nicht auf Unwissenheit zu berufen.

Hinweis

Die WENN-Funktion

Diese Funktion kann sehr komplex sein. Sie können damit nahezu jede Anrede generieren. Wir werden uns hier aber nur die einfachen Anwendungen dieser Funktion anschauen.

Schritt 4

Wenn also in der Adresse in der Spalte *Geschlecht* ein W steht, handelt es sich um eine Frau und in der Adressenzeile müsste *Frau* stehen. Steht aber dort kein W, kann nur ein M stehen, und dann müsste *Herrn* auf diesen Platz.

Haben Sie alles so eingetragen, bestätigen Sie es mit *OK*.

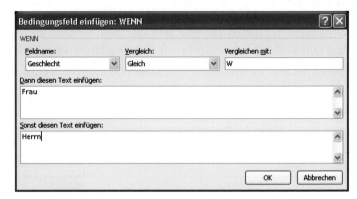

Nun müssten Sie die nebenstehende Abbildung erhalten haben.

Schritt 5

Grämen Sie sich nicht, wenn Word Ihnen nun *Herrn* in das Dokument geschrieben hat. Schauen Sie sich zunächst die Serienbrief-Vorschau an. Gehen Sie bis zu Ihrer ersten Frau in der Adressenliste und Sie werden sehen, Word macht es richtig.

> Frau
>
> Lisa Müller
>
> Kronenweg 13
>
> 12345 Feldhausen

Hinweis

Wozu dient das alles?

Aufgrund es Geschlechts muss im Adressfeld entweder Herrn oder Frau ausgegeben werden. Mit dieser WENN-Funktion fragen Sie mit Word die Spalte *Geschlecht* ab, ob darin entweder ein W (für weiblich) oder ein M (für männlich) steht. Vorsicht: Groß- und Kleinschreibung beachten.

Die vernünftige Anrede nutzen

In einem Brief sollte der Empfänger auch vernünftig angesprochen werden. Das bekannte „Sehr geehrte Damen und Herren" sollten Sie nur im äußersten Notfall verwenden. Besser ist es, in solchen Einladungen den Empfänger mit „Sehr geehrter Herr Meier" und eine Empfängerin mit „Sehr geehrte Frau Müller" zu begrüßen.

Das können Sie in Word 2007 natürlich auch machen. Funktioniert wieder mit einem *Wenn... Dann... Sonst...*

Schritt 1

Setzen Sie die Einfügemarke an die Stelle, an der Sie die Anrede haben möchten, und klicken Sie erneut auf *Regeln*. Wählen Sie wieder *Wenn... Dann... Sonst...*

Schritt 2

Spätestens hier sehen Sie nun den Vorteil, dass Sie wie in der Adressenliste eine neutrale Spalte für das Geschlecht eingefügt haben, denn nun können wir diese Spalte wieder benutzen, um das neue Problem zu lösen. Formulieren Sie also: Wenn in der Spalte Geschlecht ein *W* steht, dann soll Word *Sehr geehrte Frau* schreiben, ansonsten *Sehr geehrter Herr*.

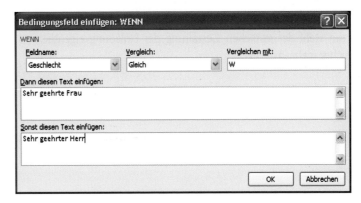

Hinweis

Ich habe Firmenadressen und nur bei einigen die Namen der Ansprechpartner – was soll ich tun?

Wenn Sie Briefe an Firmen verschicken, bei denen Sie nur von einigen Angestellten die Namen haben, können Sie das mit verschachtelten WENN-Funktionen lösen. Aber das hier zu besprechen, würde den Rahmen des Buches bei weitem sprengen, deshalb möchte ich Sie für dieses Problem auf „Office 2007 – das Praxishandbuch" des gleichen Autors verweisen, das ebenfalls bei DATA BECKER erschienen ist.

Schritt 3

Fehlt jetzt eigentlich nur noch der Nachname, um die Sache komplett zu machen.

> Herrn
>
> «Vomame» «Nachname»
>
> «Straße»
>
> «PLZ» «Ort»
>
>
>
> Sehr geehrter Herr|

Schritt 4

Das Feld *Nachname* einzufügen, geschieht in der gleichen Weise, wie Sie es schon vorher bei der Adresse gemacht haben. Sie klicken auf *Seriendruckfeld einfügen* und wählen den Nachnamen aus.

Schritt 5

Voilà, das Schlimmste haben Sie nun hinter sich. Prüfen Sie Ihr Ergebnis mit *Vorschau Ergebnisse*.

Nun steht der restlichen Gestaltung der Einladung eigentlich nichts mehr im Wege.

> Herrn
>
> «Vomame» «Nachname»
>
> «Straße»
>
> «PLZ» «Ort»
>
>
>
> Sehr geehrter Herr «Nachname»,

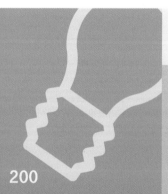

Hinweis

Die Leerzeichen und das Formatieren der Platzhalter

Vergessen Sie nicht die Leerzeichen zwischen den einzelnen Platzhaltern. Diese Platzhalter benutzen Sie nämlich genauso wie normalen Text. Sie können diese Platzhalter natürlich auch formatieren, also z. B. fett oder kursiv schreiben. Dann werden später natürlich auch die Inhalte mit diesen Formaten belegt.

Der Brief der Einladung

Der Brief an sich lässt sich mit den in diesem Buch besprochenen Elementen sehr schön schreiben und gestalten. Vergessen Sie auch nicht den Absender des Vereins! So könnten Sie beispielsweise noch ein schönes Hundebild in den Brief aufnehmen:

Der Rest der Einladung wird nun den Ort, die Zeit und die Tagesordnungspunkte der Versammlung enthalten.

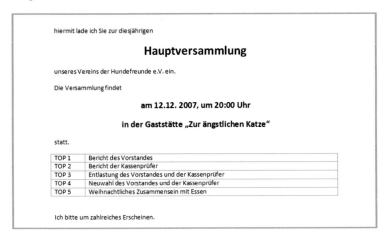

Tipp

Bevor Sie den Brief und die Adressen zusammendrucken

Bevor Sie nun Brief und Adressen zu einem Serienbrief zusammenfassen, sollten Sie auch den Brief selbst speichern.

Das Ausdrucken des Serienbriefs

Bevor Sie nun den Brief und die Adressendatei zusammenfassen, sollten Sie einige Adressen mit der *Vorschau Ergebnisse* anschauen, um zu kontrollieren, dass wirklich alles stimmt. Natürlich ist es unnötig, alle Adressen durchzuarbeiten, denn bei 100 oder 200 Adressen würden Sie schon einige Stunden zu tun haben. Aber diese Kontrolle einer jeden Adresse ist völlig unnötig. Es reicht, wenn Sie ein paar Stichproben auswählen. Dabei sollten aber auf jeden Fall ein Mann und eine Frau enthalten sein, denn nur so können Sie kontrollieren, ob auch die verschiedenen Anreden für Männer und Frauen stimmen.

Schritt 1

Wählen Sie *Einzelne Dokumente bearbeiten*.

Schritt 2

Im folgenden Fenster müssen Sie Word mitteilen, ob alle Datensätze aus der Adressendatei genommen werden sollen. Wenn der Brief fertig ist und Sie ihn drucken möchten, werden Sie hier sicher *Alle* auswählen.

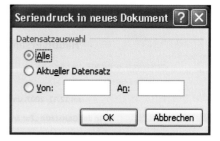

Hinweis

Weshalb heißt der Befehl Einzelne Dokumente bearbeiten?

Nun, das liegt daran, dass Sie tatsächlich die einzelnen Briefe noch bearbeiten können, d. h., die Briefe werden noch nicht ausgedruckt, sondern in eine neue Datei geschrieben. In dieser Datei können die Briefe dann noch bearbeitet werden. Sinn dieser Möglichkeit ist es, dass Sie so für einzelne Adressen den Brief noch individueller gestalten können. Erst wenn Sie rundum zufrieden sind, drucken Sie aus. So wie eine normale Datei.

Schritt 3

Nachdem Sie Ihre Auswahl mit *OK* bestätigt haben, wird Word nun die Brief- und Adressdatei zusammenfassen. Das kann, je nachdem wie viele Adressen Sie haben, ein paar Sekunden dauern. Bei tausenden von Adressen auch länger.

Diese Zusammenfassung wird aber noch nicht an den Drucker geschickt, sondern ist nur als normale Datei vorhanden.

Serienbriefdateien erhalten die Standardnamen *Serienbrief1* etc., genau wie „normale" Dokumente zu Anfang die Standardnamen *Dokument1* etc. bekommen. Das heißt aber auch, dass Sie Serienbriefe auch ganz normal abspeichern können. Wählen Sie im *Datei*-Menü den Befehl *Speichern unter*, der Rest ist wie bei anderen Dokumenten.

Merke

Adressdatei, Brief, Serienbrief

Machen Sie sich bitte die Unterschiede zwischen Adressdatei, Brief und Serienbrief klar. Die Adressdatei ist ein Word-Dokument, das die Adressen für den Serienbrief enthält. Der Brief ist letztlich das Dokument, in dem die Elemente enthalten sind, die für jeden Brief gültig sind. Der Serienbrief nun ist der Mix aus Adressdatei und Brief. Alle drei Dateien existieren unabhängig voneinander und können unabhängig voneinander bearbeitet werden.

Nicht an alle Adressen schicken – Filtern von Adressen

Sie haben Ihren Serienbrief fertig und Ihre Adressdatei fasst inzwischen eine große Menge Adressen. Nun sollen aber für einen Brief nicht alle Adressen Ihrer Datei benutzt werden. Es wäre jetzt höchst unsinnig, wenn Sie die überflüssigen Adressen aus der Adressendatei löschen würden. Besser ist es, Sie sagen Word, welche Adressen genommen und welche bei diesem Serienbrief ignoriert werden sollen.

Schritt 1

Sie schreiben Ihren Serienbrief ganz normal. Wenn Sie sich nun auch noch davon überzeugt haben, dass alles in Ordnung ist, also alle Felder vorhanden und jede Anrede richtig ausgeschrieben ist, gehen Sie jetzt zu Schritt 2, um die Adressen zu filtern.

Schritt 2

Sie können nur Adressen filtern, die etwas Bestimmtes gemeinsam haben. Für unser Beispiel sollen nur die weiblichen Vereinsmitglieder das Einladungsschreiben erhalten. Klicken Sie also jetzt in die Registerkarte *Sendungen* und dort auf den Befehl *Empfängerliste bearbeiten*.

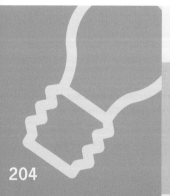

Hinweis

Was muss ich beim Filtern beachten?

Eigentlich nur, dass Sie in Ihren Adressen eine Spalte haben, die Sie filtern können. Ganz einfach ausgedrückt: Sie können nicht nach „Frau" oder „Mann" filtern, wenn Sie keine Spalte haben, in der diese Eigenschaft für jede Adresse enthalten ist.

Schritt 3

In dem nun geöffneten Fenster hat Word alle Ihre Adressen aufgelistet und Sie könnten, wenn Sie wollen, bei den Adressen, an die der Serienbrief nicht geschickt werden soll, die Häkchen entfernen.

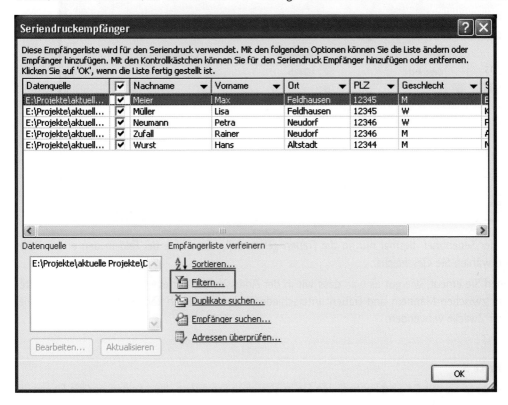

Bei 200 Adressen ist das aber ein sehr mühseliges Unterfangen, deshalb klicken Sie nun besser auf *Filtern*.

Hinweis

Komplexes Filtern

Wir können hier leider nur einfache Filterungen besprechen. Aber dieses Feature von Word hat das Potenzial für mehr und auch komplexe Filterungen. Wer häufig Serienbriefe mit großen Adressbeständen zu verwalten hat, sollte sich intensiver mit den Filterungen auseinandersetzen.

Schritt 4

Jetzt erhalten Sie ein Fenster, in das Sie tatsächlich ein Kriterium eingeben können.

Da der Serienbrief diesmal nur an die Frauen gehen soll, klicken Sie bei *Feld* in den ersten Wert und wählen Sie *Geschlecht*.

Sehen Sie erneut, wie gut es war, dass wir in der Adressenliste mit einem solchen globalen Kriterium zwischen Männern und Frauen unterschieden haben? Dadurch können Sie Ihre Liste für viel mehr Zwecke verwenden.

Schritt 5

Bestätigen Sie mit *OK* und kontrollieren Sie in *Vorschau Ergebnisse*. Nun sollten nur die Frauen als Empfänger des Briefes auftauchen.

Schritt 6

Nun können Sie, wie vorhin besprochen, den Brief zusammenfassen lassen oder gleich ausdrucken.

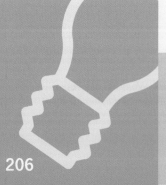

Merke

M oder m bzw. W oder w

Denken Sie daran, ob Sie in der Adressendatei die Spalte *Geschlecht* mit einem W oder einem w (bzw. M oder m) gefüllt haben. Das ist beim Filtern sehr wichtig.

So entfernen Sie den Filter wieder

Schritt 1

Sie gehen in der Registerkarte *Sendungen* auf *Empfängerliste bearbeiten*. Dort klicken Sie wieder auf *Filter*.

Schritt 2

Nun sind Sie wieder im Fenster *Abfrageoptionen*.

Hier wählen Sie links unten *Alle löschen*.

Achtung

Abspeichern mit Filter

Wenn Sie einen Filter setzen und die Datei dann abspeichern, wird der Filter mit abgespeichert. Das kann dazu führen, dass Sie sich nach dem Öffnen des Briefes einige Zeit später wundern, weil scheinbar einige Adressen fehlen. Mein Tipp deshalb: Vermeiden Sie das Speichern mit einem gesetzten Filter.

Eine andere Adressenliste nehmen

Nun kann es auch sein, dass Sie zwar den Brief schon lange fertig haben. Aber Sie könnten das Schreiben, nur ein klein wenig geändert, auch für einen anderen Verein verwenden. Natürlich müssen Sie nun nicht den ganzen Brief neu schreiben. Es genügt, sofern die beiden Adressdateien die gleichen Überschriften haben, die andere Adressdatei einfach in den Serienbrief einzubinden.

Schritt 1

Wählen Sie in der Registerkarte *Sendungen* in der Gruppe *Seriendruck starten* den Befehl *Empfänger auswählen*.

Schritt 2

Wählen Sie nun *Vorhandene Liste verwenden*.

Schritt 3

Gehen Sie nun auf Ihrer Festplatte in den Ordner, in dem sich Ihre andere Adressenliste befindet. Klicken Sie sie an und bestätigen Sie dann mit *Öffnen*.

Merke

Das müssen Sie bei einer anderen Adressenliste beachten

Damit Sie problemlos eine andere Adressenliste an den Serienbrief anbinden können, sollte diese neue Liste natürlich die gleichen Spaltenüberschriften haben. Haben Sie nämlich einmal eine Spalte mit *Ort* überschrieben, in der anderen Datei aber mit *Stadt*, wird Word diese Spalte nicht finden.

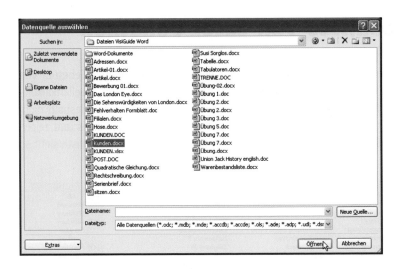

Schritt 4

Wenn Sie nun Ihre *Vorschau Ergebnisse* öffnen, erhalten Sie die Namen der neuen Liste.

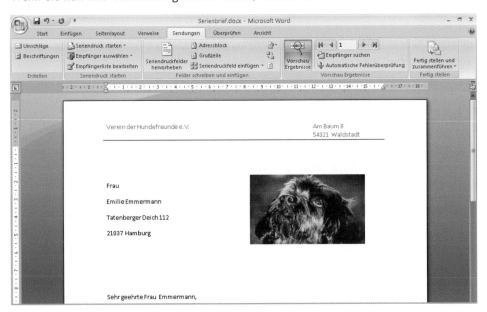

Hinweis

Neue Adressenliste

Wenn Sie nun erneut speichern, wird diese neue Adressenliste Ihrem Serienbrief zugeordnet, d. h., auch beim nächsten Öffnen des Briefes wird diese Adressenliste zugrunde gelegt.

Eine Adressenliste von Excel benutzen

In dem Buch „Das visuelle Einsteigerbuch für Excel 2007", ebenfalls aus der Reihe „Sehen & Verstehen" aus dem DATA BECKER-Verlag, zeigen wir Ihnen, wie Sie in Excel, dem Tabellenkalkulationsprogramm des Office-Pakets, eine Adressenliste erstellen. An dieser Stelle soll deshalb nicht mehr darauf eingegangen werden, sondern wir setzen eine bestehende Excel-Liste voraus und zeigen Ihnen, wie Sie diese Liste für einen Serienbrief benutzen können. Ihre Excel-Adressenliste sieht so aus:

	A	B	C	D	E	F	G	H
1	KUNDEN_NR	ANRE	VORNAME	NACHNAME	FIRMA	STRASSE	PLZ	STADT
2	10001	Frau	Emilie	Emmermann	Emmermann Schreibwaren	Tatenberger Deich 112	21037	Hamburg
3	10002	Herr	Herbert	Meyer	Übersetzungsbüro H. Meyer	Erich-Kästner-Ring 86	22175	Hamburg
4	10003	Herr	Anton	Adams	UMS Hausverwaltungen GmbH	Prinzregentenplatz 8	81675	München
5	10004	Frau	Herta	Rosenstengel	Katzenpension Sanfte Ruhe	Gutleutstraße 80	60329	Frankfurt
6	10005	Herr	Joachim	Kirchner	Fahrschule Kirchner	Bültenmoor 3	22417	Hamburg
7	10006	Herr	Walter	Flamme	Elektro-Flamme	Dillgasse 26	60439	Frankfurt
8	10007	Frau	Sophie	Kuhmann	Blumenhaus Kuhmann	Franz-Josef-Str. 38	80801	München
9	10008	Herr	Johannes	Schmidt	Detective Code International	Dachsteinstr. 56	81825	München
10	10009	Herr	Wilhelm	Toren	Software GmbH	Gonzenheimer Str. 86	60437	Frankfurt
11	10010	Herr	Gerhard	Reuter	Verglasungen Reuter	Bischofsweg 9	60598	Frankfurt
12	10011	Frau	Walburga	Geiger	Supermarkt Geiger	Gucksbergweg	01139	Dresden
13	10012	Herr	Emanuel	Oslowski	O&E Kunsttischlerei GmbH	Van-Gogh-Str. 69	01326	Dresden
14	10013	Frau	Karin	Schulze	Boutique Fleur	Weidenallee 97	20357	Hamburg
15	10014	Herr	Arno	Neuerburg	Kfz-Zubehör A. Neuerburg	Tönerweg 6	21039	Hamburg
16	10015	Herr	Klaus	Reiter	Gummi-Reiter	Fischerweg 68	81669	München

Beim vorherigen Serienbrief haben wir den Assistenten benutzt. Wir möchten Ihnen nun zeigen, wie es auch ohne diesen geht.

Schritt 1

Sie öffnen ganz normal ein leeres Blatt Papier, in das Sie später den Serienbrief schreiben werden. Nun klicken Sie in der Registerkarte *Sendungen* auf *Empfänger auswählen*.

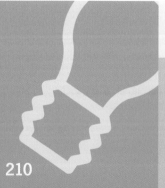

Tipp

Wann sollten Sie eine Excel-Tabelle für die Adressen wählen?

Sie sollten immer dann Ihre Adressen in Excel erstellen, wenn Sie sehr viele Adressen zu verwalten haben. Ich würde Excel schon bei mehr als 30 Adressen nehmen. Aber natürlich können Sie auch mehr als 30 Adressen in Word verwalten, das Erstellen und Verwalten in Excel ist allerdings komfortabler.

Schritt 2

Wählen Sie wieder *Vorhandene Liste verwenden*. Wählen Sie wieder den Ort auf der Festplatte, an dem sich Ihre Excel-Tabelle befindet.

Schritt 3

Sollten Sie Ihre Excel-Datei nicht sehen, wählen Sie bei *Dateityp Excel-Dateien (*.xlsx;*.xlsm; *.xlsb;*.xls)* aus.

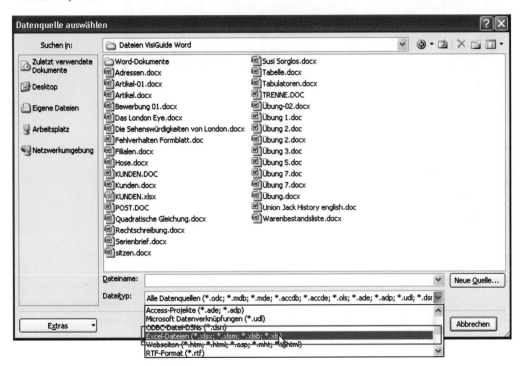

Merke

Sollte Ihre Excel-Datei nicht zu sehen sein

Sollte Ihre Excel-Datei im Listenfeld nicht zu sehen sein, müssen Sie wahrscheinlich bei *Dateityp* den richtigen Typ auswählen.

Schritt 4

Klicken Sie nun Ihre Datei an und bestätigen Sie die Auswahl mit *Öffnen*.

Schritt 5

Bestätigen Sie die Auswahl und überlegen Sie sich, ob die erste Zeile Ihrer Excel-Tabelle tatsächlich Spaltenüberschriften enthält.

Klicken Sie dann auf *OK*.

Schritt 6

Seriendruckfeld einfügen zeigt Ihnen die Überschriften Ihrer Excel-Datei.

Nun können Sie Ihren Brief verfassen, genauso wie wir es am Anfang dieses Kapitels besprochen haben.

Auch das Zusammenbinden und Filtern geschieht wie vorher besprochen.

Tipp

Keine Spaltenüberschriften in der Excel-Datei

Sollten Sie den Frevel begangen haben, keine Spaltenüberschriften in der Excel-Datei eingegeben zu haben, sollten Sie das schleunigst nachholen. Sie erleichtern sich damit das Leben mit Word und Excel ungemein.

17

Wie bewirbt man sich heute? – So erstellen Sie eine optimale Bewerbung mit Word

Der Lebenslauf

Gleichgültig, ob Sie sich für einen Ausbildungsplatz oder eine neue Stelle bewerben, der Lebenslauf ist eine wesentliche Unterlage jeder Bewerbung. Sie sollten sich deshalb viel Mühe nicht nur mit dem Inhalt, sondern auch mit dem Aussehen machen.

Der Lebenslauf wird vom Sachbearbeiter auf Lückenlosigkeit und Geradlinigkeit geprüft.

- Lücken im Lebenslauf bedeuten nichts Gutes und werden in der Regel immer negativ interpretiert. Der Personalsachbearbeiter fragt sich, weshalb der Bewerber Lücken gelassen hat. Ist hier etwas zu verbergen?

- Viele verschiedene Arbeitsplätze innerhalb kurzer Zeit lassen auf geringes Durchhaltevermögen oder vielleicht sogar auf Schwierigkeiten an diesen Arbeitsstellen schließen.

Der Lebenslauf ist ein wichtiges Kriterium für die Einladung zu einem Bewerbungsgespräch. Wenn er wirklich überzeugen soll, sollten Sie ihn möglichst individuell und aktuell auf den angepeilten Arbeitsplatz zuschneiden, also möglichst keine O8/15-Lebensläufe.

Der Lebenslauf sollte ein knapper, sachlicher Text sein, der alle Fragen zu Ihrem Werdegang klar beantwortet. Er sollte nicht länger als zwei DIN-A4-Seiten lang sein.

Lebensläufe werden heute in tabellarischer Form geschrieben. Und da eignet sich die Tabellenfunktion von Word am besten.

Schritt 1

Mehr als zwei Spalten brauchen Sie im Lebenslauf eigentlich nicht. Erstellen Sie also eine Tabelle mit zwei Spalten. Die Anzahl der Zeilen brauchen Sie nicht festzulegen.

Hinweis

Tabellenfunktion oder Tabulatoren?

Tabulatoren sollten Sie in einem Lebenslauf nicht einsetzen. Sie sind einfach zu umständlich zu handhaben, gerade wenn Sie bei der Beschreibung Ihrer Ausbildung mehrere Zeilen brauchen. Nehmen Sie also für Lebensläufe die Tabellenfunktion.

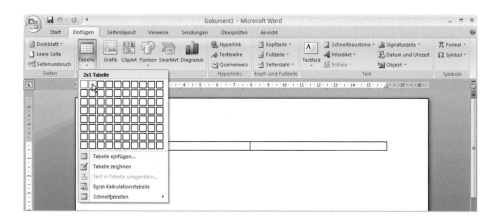

Schritt 2

Die beiden Spalten sollten nicht die gleiche Breite erhalten. Da Sie jetzt aber noch nicht wissen, wie breit die einzelnen Spalten werden müssen, sollten Sie zunächst die erste Spalte nur „mal über den Daumen gepeilt" verkleinern.

Schritt 3

Füllen Sie nun die Daten zu Ihrer Person aus.

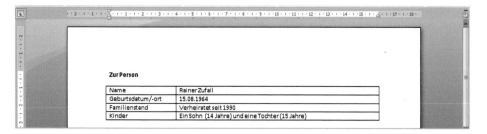

Tipp

Aufteilung des Lebenslaufs in einzelne Abschnitte

Ihren Lebenslauf sollten Sie in logische Einheiten trennen. So könnte eine Einheit die Angaben zu Ihrer Person umfassen, eine andere Ihre schulische bzw. berufliche Ausbildung und eine Dritte konnte zusätzliche, für den Arbeitsplatz wichtige Weiterbildungen auflisten.

Um die einzelnen Abschnitte auch optisch zu trennen, können Sie auch gern eine Überschrift über dem jeweiligen Teil des Lebenslaufs anbringen.

Schritt 4

Im Bereich zu Ihrer Ausbildung sollten Sie, bei mehr als 10-jähriger Berufspraxis, nur die letzten, abgeschlossenen Ausbildungsschritte anführen. In diesem Bereich könnten Sie auch spezielle Fortbildungsmaßnahmen aufführen. Aber Sie sollten nur diejenigen nennen, die Sie auch mit einem Zertifikat belegen können.

Und Vorsicht: Fortbildungen wie „Einführung in Windows" oder „Töpferkurs auf Sardinien" sollten Sie nicht anführen.

Die Zeitangaben sollten Sie möglichst genau machen, wobei Monat und Jahr genügt.

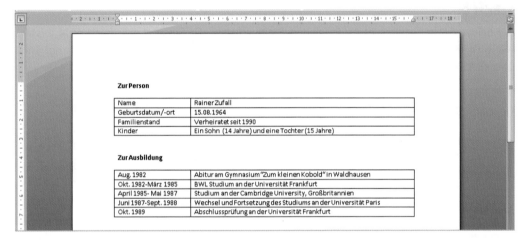

Störend bei diesem Lebenslauf ist noch die Tatsache, dass die Gitternetzlinien der Tabelle im Moment noch mit ausgedruckt werden. Das sollte man nicht tun. Es sieht einfach nur hässlich aus.

Schritt 5

Markieren Sie die beiden Tabellen. Wählen Sie in der Registerkarte *Start* in der Gruppe *Absatz* das Dreieck bei *Rahmen*.

Hinweis

Was gehört nicht in die Angaben zur Person?

Sie sollten vermeiden Geburtsnamen, Hochzeitsdaten oder die Namen Ihrer Kinder aufzuführen. Auch Namen und Beruf der Eltern haben in einem heutigen Lebenslauf nichts verloren.

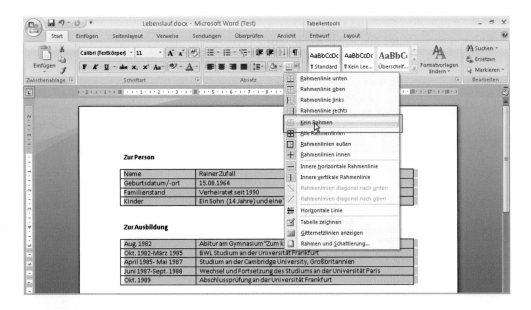

Schritt 6

Wählen Sie nun *Kein Rahmen*.

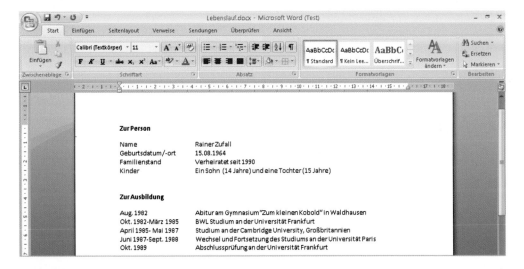

Hinweis

Das Bild ist wichtig

In einer Bewerbung gehört ein gutes Bild zu den wichtigsten Teilen. Lassen Sie es deshalb von einem Fotografen machen und nicht im Passbildautomaten am Hauptbahnhof. Das Bild sollte dem Alter entsprechen. Wenn Sie also schon über 40 sind, sollten Sie kein Bild aus der Studentenzeit nehmen.

Schritt 7

Nun gehört noch ein gutes Bild in die rechte, obere Ecke.

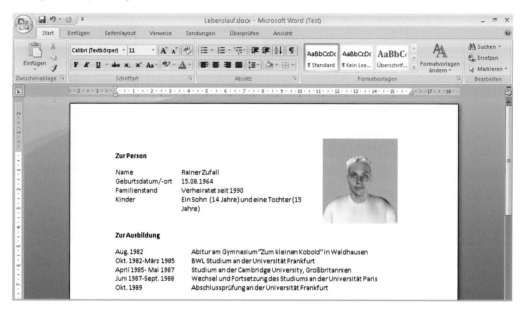

Hinweis

Bild als Teil des Textes oder als Passbild eingeklebt?

Das hängt davon ab, wie gut Ihr Drucker ist. Haben Sie einen wirklich guten Farblaserdrucker, können Sie das Bild in die Datei integrieren. Auch gute Tintenstrahldrucker erzeugen ein recht gutes Ergebnis. Hierbei sollte Ihr Drucker mindestens 600 dpi schaffen. Besser wird das Ergebnis, wenn es mehr als 600 dpi sind.

Das Anschreiben

Ein paar grundsätzliche Regeln.

- Die Firmenadresse gehört in die Position links oben unter den Absender.
- Achten Sie auf die fehlerfreie Nennung des Firmennamens, besonders auf die Rechtsform.
- Sie sollten vorher einmal mit dem entsprechenden Sachbearbeiter telefoniert haben, sofern er nicht explizit in der entsprechenden Anzeige aufgeführt wird. Der Name dieses Sachbearbeiters gehört mit in die Adresse Ihres Anschreibens.
- Der Ort und das Datum gehören auf die Position rechts vor oder nach der Betreffzeile.
- Schreiben Sie in die Betreffzeile, auf welche Anzeige Sie sich beziehen und wo und wann die Anzeige erschien, damit Ihre Bewerbung sofort richtig zugeordnet werden kann.
- Verwenden Sie nicht den altmodischen Begriff „Betreff" oder „Betr.", sondern schreiben Sie lieber die Betreffzeile in Fettdruck.
- Als Anrede verwenden Sie die persönliche Form „Sehr geehrter Herr Meier". Machen Sie keine Schreibfehler im Namen. Nach der Anrede sollten Sie ein Komma statt eines Ausrufezeichens machen, es liest sich flüssiger.

Das Anschreiben selbst sollte nicht mehr als eine DIN-A4-Seite umfassen, deshalb brauchen Sie Ihren Absender nicht unbedingt in eine Kopfzeile zu setzen. Damit Sie aber nicht allzu viel Platz verlieren, bietet es sich an, den oberen Rand des Blattes etwas zu verkleinern.

Schritt 1
Deshalb wählen Sie zunächst in der Registerkarte *Seitenlayout* in der Gruppe *Seite einrichten* den Befehl *Seitenränder*.

Tipp

Das Anschreiben

Denken Sie bei der Formulierung des Anschreibens immer daran, dass jede Bewerbung im Grund eine Werbung für Sie selbst ist. Formulieren Sie also entsprechend bedacht und treffend. Seien Sie auch nicht zu überheblich im Sinne von „Ich bin der tollste Hecht im Karpfenteich". Bleiben Sie sachlich und vor allen Dingen auf dem Teppich.

Hier wählen Sie den Befehl
Benutzerdefinierte Seitenränder.

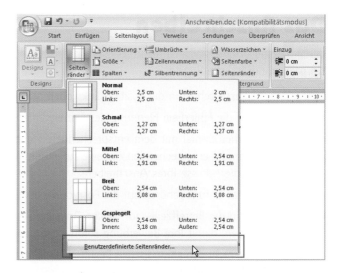

Schritt 2

Setzen Sie hier den oberen Seiten-
rand auf 1,5 cm.

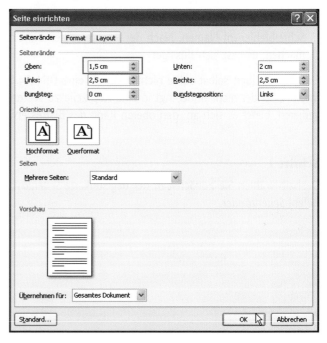

Tipp

Der Sachbearbeiter muss wahrscheinlich 20 bis 30 solcher Bewerbungen lesen

In der heutigen Zeit gibt es zu wenig Arbeitsplätze und zu viele Bewerber,
d. h. dass ein Personalsachbearbeiter in der Regel zwischen 20 und 30,
wenn nicht sogar mehr, Bewerbungen lesen muss. Deshalb „schwafeln"
Sie nicht lange, sondern kommen Sie sofort auf den Punkt.

Schritt 3

Schreiben Sie nun Ihren Absender. Ob Sie den Absender so schreiben wie in der Abbildung oder mit einer Tabelle links- und rechtsbündig, wie wir es auf Seite 166 besprochen haben, ist letztendlich eine Geschmacksfrage.

Schritt 4

Setzen Sie nun Datum und Betreffzeile an die richtige Position und formulieren Sie Ihren Brief.

Tipp

Gehaltsvorstellungen

Selten finden sich in Stellenanzeigen Gehaltsangaben, aber oft wird man Sie auffordern, Ihre Gehaltsvorstellung zu nennen. Sie haben drei Möglichkeiten. 1) Sie ignorieren die Aufforderung und riskieren, aussortiert zu werden. 2) Sie nennen einen Betrag. 3) Sie finden eine Formulierung nach dem Muster: „Bei einem persönlichen Gespräch, in dem ich mehr zur Position und deren Umfeld kennenlernen möchte, kann ich meine Gehaltsvorstellung klarer formulieren."

Schritt 5

Der Abspann Ihres Anschreibens sollte auch in einem gewissen Rahmen erfolgen. Für einen guten „Abgang" eignen sich Sätze wie „Für weitere Auskünfte stehe ich Ihnen in einem persönlichen Gespräch gern zur Verfügung" oder „Sollten Ihnen meine Bewerbungsunterlagen zusagen, stehe ich Ihnen gern zu einem Vorstellungsgespräch zur Verfügung".

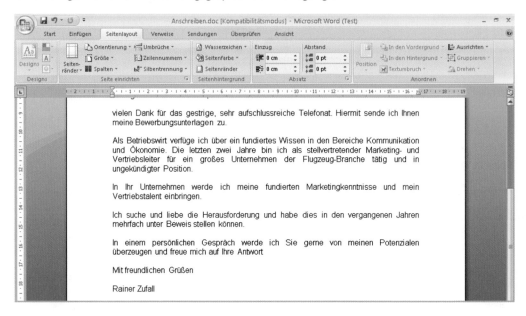

Schritt 6

Für die Abschiedsformel wählen Sie dann „Mit freundlichen Grüßen" oder „Hochachtungsvoll".

Schritt 7

Nach der Unterschrift listen Sie nun noch Ihre Anlagen auf. Bei vielen Anlagen kann das auch durchaus in einer Zeile geschehen.

Tipp

Die Unterschrift

Als Abschied wird die Unterschrift eigenhändig möglichst mit Füller geschrieben. Vermeiden Sie Unterschriften mit einem Kugelschreiber. Und auf keinen Fall sollten Sie Ihre Unterschrift einscannen und den Scan daruntersetzen. Das wäre für eine Bewerbung der Super-GaB (= Größter anzunehmender Blödsinn). Da könnten Sie Ihre Bewerbung gleich selbst in den Müll werfen.

18

Lange Texte optimal managen – die schriftliche Hausarbeit

Zum schnellen Formatieren die Formatvorlagen einsetzen

Lange Texte werden in der Regel gegliedert. Besonders Haus- oder Semesterarbeiten bedürfen einer wohldurchdachten Gliederung. Das Thema Nummerierung haben wir auf Seite 68 schon besprochen. Nun kommen wir zur Gliederung.

Ihr Thema ist unser Sonnensystem. Sie haben sich entschieden, folgende Unterthemen anzusprechen:

Diese Themen einfach nur zu nummerieren, wäre nicht nur langweilig, sondern teilweise sogar falsch. So ist „Der Mond im Wandel der Zeiten" eigentlich kein neues Kapitel, sondern ein Unterkapitel des Kapitels „Der Mond".

Hinweis

Formatvorlagen sind ein riesiges Thema

Für lange und umfangreiche Texte sind Formatvorlagen ein wichtiges, um nicht zu sagen, sehr wichtiges Thema. Wir können in diesem Kapitel nur die ersten Grundzüge besprechen. Wenn Sie sich tiefer in diese Materie einarbeiten möchten, verweise ich Sie auf spezielle Word-Bücher oder „Das große Buch Office 2007"aus dem Hause DATA BECKER, in dem Word ausführlich behandelt wird.

Sie brauchen also eine andere Nummerierung, Sie brauchen eine Gliederung.

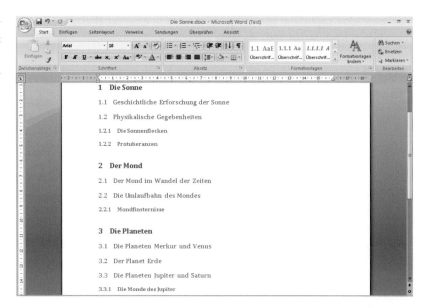

Bei Word 2007 bedeutet das eine Liste mit mehreren Ebenen. Dabei ist es zunächst wichtig, sich klarzumachen, was mit Ebenen gemeint ist.

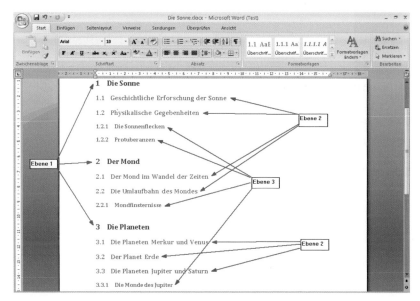

Hinweis

Liste mit mehreren Ebenen

Sollten Sie sich mit Kollegen unterhalten, die noch eine Vorgängerversion von Word 2007 haben, werden Sie dort mehrfach den Begriff Gliederungsebene oder Gliederung hören. Das ist das Gleiche, was wir in diesem Kapitel besprechen, nur werden Sie es in Word 2007 anders zuordnen.

Man kann also sagen, die Ebenen sind im Grunde eine Art Hierarchieebene. Die Zuweisung solcher Ebenen ist in Word 2007 denkbar einfach.

Schritt 1

Markieren Sie alle Elemente, die auf der gleichen Ebene liegen.

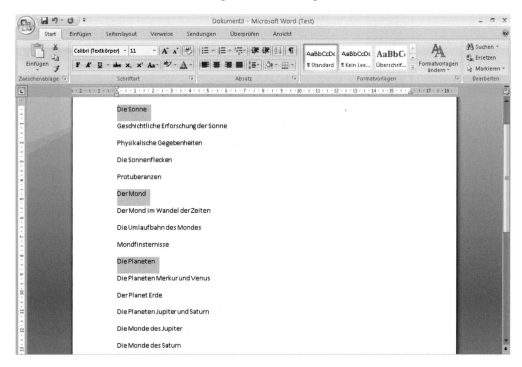

Schritt 2

Klicken Sie nun auf *Liste mit mehreren Ebenen*.

Tipp

Markieren unterschiedlicher Teile eines Dokuments

Denken Sie daran, dass Sie in Word 2007 mithilfe der [Strg]-Taste auch nicht zusammenhängende Bereiche markieren können.

Schritt 3

Wählen Sie darin das Layout für Ihre Hierarchieebenen.

Schritt 4

Sogleich hat Word Ihnen die Auswahl in den Bereich *Formatvor-lagen* gesetzt.

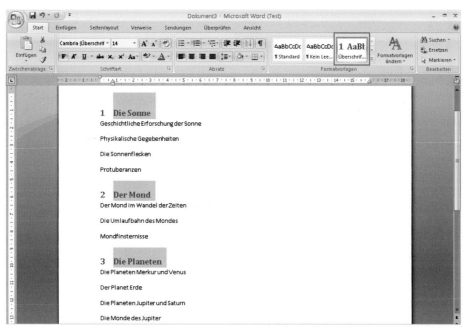

Hinweis

Diese Formatvorlagen sind änderbar

Sie können alle vordefinierten Formatvorlagen natürlich ändern, um sie Ihren Bedürfnissen anzupassen.

Schritt 5

Klicken Sie die markierte Formatvorlage nun an, um damit die markierten Elemente mit diesem Format zu versehen.

Schritt 6

Markieren Sie nun alle Elemente der zweiten Ebene.

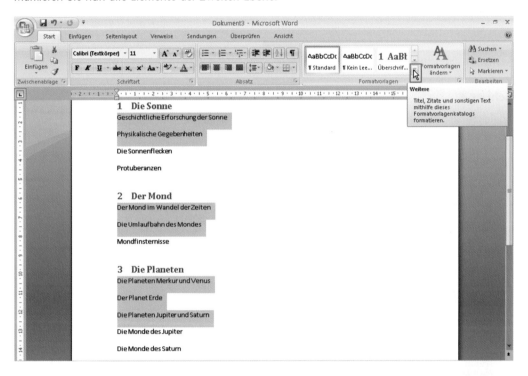

Klicken Sie dann auf das kleine Dreieck in den Formatvorlagen, um sich weitere Vorlagen anzeigen zu lassen.

Hinweis

Müssen Sie immer zuerst die Überschriften so behandeln?

Nein, Sie können auch ganz normal einen Text schreiben und zum Schluss alle Überschriften mit den Formaten belegen. In welcher Reihenfolge Sie es machen, ist eigentlich völlig egal. Sie sollten sich bei umfangreichen und komplexen Texten nur über die verschiedenen Ebenen klar werden.

Schritt 7

Klicken Sie nun auf die Formatvorlage für die zweite Ebene.

Schritt 8

Markieren Sie nun alle Elemente der dritten Ebene. Nun klicken Sie in den Formatvorlagen auf die Vorlage für die dritte Ebene.

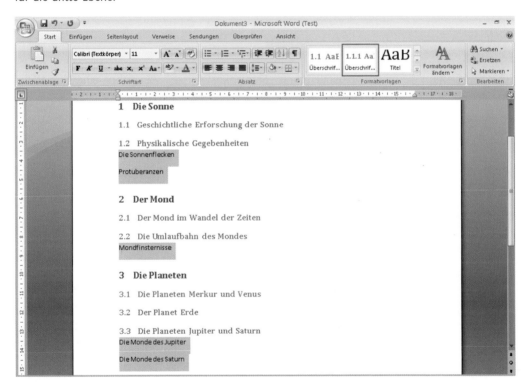

Hinweis

Macht es Sinn, die Überschriften vorher festzulegen?

Da hat jeder seinen Stil, der eine schreibt drauflos, der andere macht sich vorher erst einmal ein Konzept zurecht, an dem abzuschätzen ist, ob der ganze Text auch einen roten Faden hat. Ich empfehle Ihnen, den Text anhand von Überschriften zunächst einmal zu planen. Wenn Sie dann, während Sie schreiben, weitere Überschriften brauchen, ist es kein Problem, sie nachträglich mit der entsprechenden Formatvorlage zu versehen.

Das nachträgliche Einfügen weiterer Überschriften

Wenn Sie nun in dieser Weise Ihren Text konzipieren und dann merken, dass Sie irgendwo dazwischen eine weitere Überschrift, welcher Ebene auch immer, brauchen, ist auch das absolut kein Problem. Nach dem Kapitel „1.2.1 Die Sonnenflecken" möchten Sie noch erklären, wie eine Sonnenfinsternis zustande kommt. Und erst dann sollen die Protuberanzen besprochen werden.

Schritt 1

Setzen Sie die Einfügemarke hinter das Kapitel „1.2.1 Die Sonnenflecken" und drücken Sie die [Enter]-Taste.

Schritt 2

Schreiben Sie nun die neue Kapitelüberschrift „Sonnenfinsternisse". Aber ohne eine Nummerierung der Ebene.

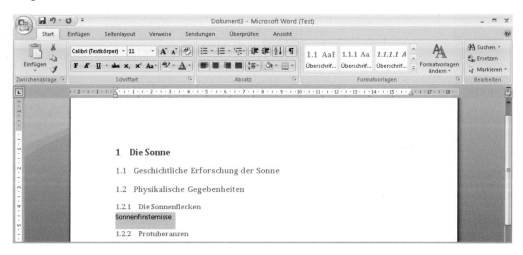

Hinweis

Müssen Sie bei der Eingabe von Texten etwas beachten?

Nein. Wenn Sie mit Listen verschiedener Ebenen arbeiten, schreiben Sie den zugehörigen Text wie bisher. Sie können Ihren Text, wie bisher besprochen, formatieren. Sie können in Ihrem Text Nummerierungen oder Aufzählungen verwenden.

Schritt 3

Markieren Sie jetzt diese neue Überschrift. Da die Überschrift zur Ebene 3 gehört, weisen Sie nun die Formatvorlage zur Ebene 3 zu.

Word hat augenblicklich das Format der neuen Überschrift zugeordnet und hat alles noch einmal neu nummeriert.

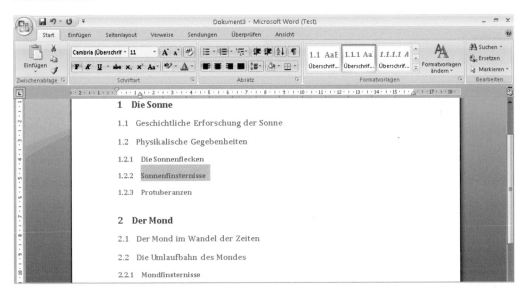

Hinweis

Mit welchen Ebenen können Sie das machen?

Mit allen! Sie können jederzeit neue Ebenen hinzufügen. Auf jeder Stufe! Sie können aber auch eine Überschrift z. B. der Ebene 3 zu einer der Ebene 2 machen, einfach indem Sie eine neue Formatvorlage zuweisen.

Wie können Sie ein Inhaltsverzeichnis erstellen?

Sofern Sie Ihren Überschriften verschiedene Ebenen mithilfe der Formatvorlagen zugewiesen haben, ist das Erstellen eines Inhaltsverzeichnisses in Word 2007 ein Kinderspiel.

Schritt 1

Setzen Sie den Cursor an die Stelle, an der das Inhaltsverzeichnis erstellt werden soll.

Schritt 2

Klicken Sie nun auf die Registerkarte *Verweise* und wählen Sie darin *Inhaltsverzeichnis*.

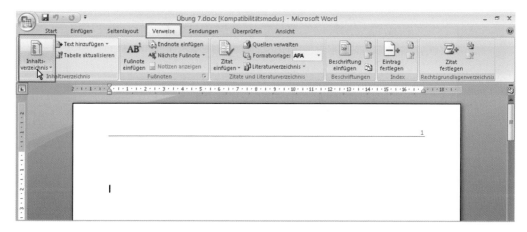

Hinweis

Die Formatvorlagen Überschrift 1, Überschrift 2 etc.

Um ein Inhaltsverzeichnis von Word erstellt zu bekommen, müssen Sie den Überschriften die entsprechenden Ebenen *Überschrift 1* für Ebene 1, *Überschrift 2* für Ebene 2 etc. zugeordnet haben. Im vorherigen Abschnitt haben wir besprochen, wie das geht.

Schritt 3

Wählen Sie nun *Inhaltsverzeichnis einfügen*.

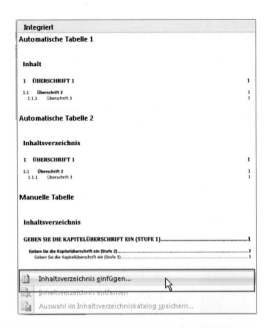

Schritt 4

Wählen Sie nun bei *Formate* ein Format für das Inhaltsverzeich-nis aus und klicken Sie dann auf *OK*.

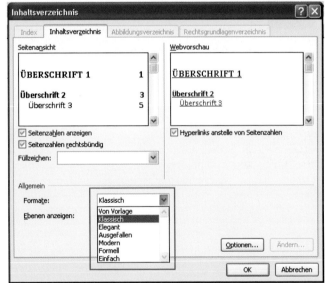

Tipp

Die Auswahl bei Formate

Da Sie am Anfang noch nicht wissen, was sich hinter *Klassisch*, *Elegant*, *Ausgefallen* etc. verbirgt, klicken Sie sich einfach mal durch die verschiedenen Möglichkeiten. Im oberen Teil des Fensters unter *Seitenansicht* sehen Sie sofort die Wirkung.

Schritt 5

In wenigen Sekunden erstellt Ihnen Word 2007 nun ein Inhaltsverzeichnis.

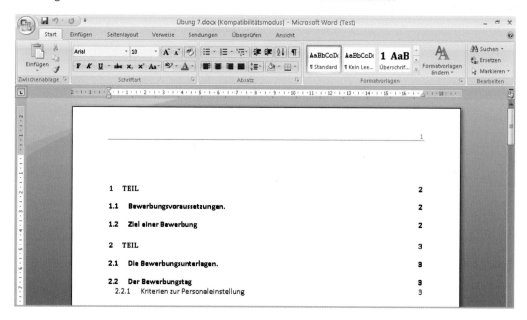

Hinweis

Wird das Inhaltsverzeichnis automatisch erneuert?

Nein, Word wird das Inhaltsverzeichnis nicht automatisch erneuern. Aber es ist ganz einfach, das selbst zu tun. Klicken Sie einfach irgendwo in das Inhaltsverzeichnis und drücken Sie die Taste F9.

Lesen Sie weiter auf Seite ... – Textmarken einsetzen

Gerade in umfangreichen Texten ist es oft notwendig, den Leser auf bestimmte Seiten zu verweisen. Auch in diesem Buch haben Sie oft gelesen „Wie auf Seite ... schon besprochen". Hier muss Word natürlich die richtige Seitennummer einfügen, gleichgültig wie viele Seiten Ihre Dokument hat. Um das zu erreichen, müssen Sie Textmarken setzen.

Schritt 1

Nehmen wir an, Sie möchten auf das Kapitel „Bewerbungsvoraussetzungen" verweisen. Klicken Sie dazu an den Anfang des ersten Absatzes dieses Kapitels.

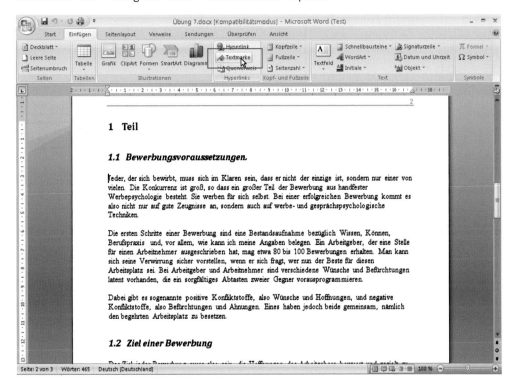

Hinweis

Textmarken – was ist das?

Textmarken sind eine Art Etikett, das Sie an bestimmten Textteilen anbringen. In umfangreichen Dokumenten können Sie auf diese Textmarken verweisen, um so sofort die richtige Seitennummer zu erhalten.

Wählen Sie dann in der Registerkarte *Einfügen* den Befehl *Textmarke*.

Schritt 2

Schreiben Sie nun in das Feld *Text-markenname* den Namen, den Sie der Textmarke geben möchten. In der Regel sollte das ein Name sein, bei dem Sie sofort wissen, um was es geht.

In unserem Beispiel würde sich das Wort *Bewerbungsvoraussetzungen* an-bieten.

In den Textmarkennamen dürfen Sie außer dem _ (Unterstrich) keine anderen Sonderzeichen verwenden. Also auch keine Leerzeichen.

Nachdem Sie den Textmarkennamen geschrieben haben, klicken Sie auf *Hinzufügen*.

Schritt 3

Nachdem Sie auf *Hinzufügen* geklickt haben, hat Word das Textmarkenfenster sofort geschlossen.

Löschen einer Textmarke

Wenn Sie die Textmarke noch einmal anschauen oder gar löschen möchten, rufen Sie, egal wo Sie stehen, das Textmarkenfenster, wie in Schritt 1 beschrieben, erneut auf. Klicken Sie die Textmarke, die Sie löschen möchten, an und wählen Sie dann auf der rechten Seite den Befehl *Löschen*.

Tipp

Textmarken in Überschriften

Vermeiden Sie das Setzen von Textmarken in Überschriften. Das kann beim Erstellen des Inhaltsverzeichnisses zu Problemen führen.

Lesen Sie weiter auf Seite ... – Querverweise einsetzen

Schritt 1

Um im Text nun auf Textmarken zu verweisen, also einen sogenannten Querverweis einzufügen, klicken Sie auf die Position, an der die Seitennummer der Textmarke stehen soll.

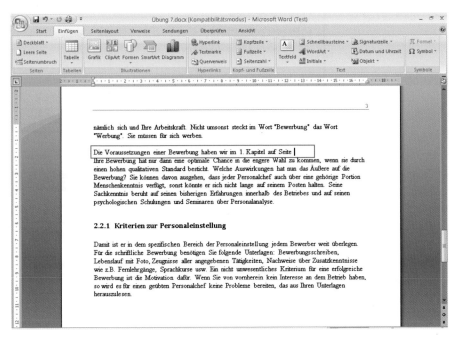

Schritt 2

Wählen Sie dann in der Registerkarte *Einfügen* den Befehl *Querverweis*.

Hinweis

Wenn eine Textmarke gelöscht wurde

Wenn Sie eine Textmarke gelöscht haben, kann Word diese Marke logischerweise nicht mehr finden. In diesem Fall erhalten Sie an der entsprechenden Textstelle die Fehlermeldung **Fehler! Textmarke nicht definiert.**

Schritt 3

Wählen Sie nun bei *Verweistyp* den Typ *Textmarke* aus.

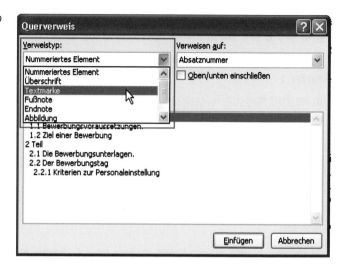

Schritt 4

Nachdem Sie *Textmarke* ausgewählt haben, listet Word Ihnen alle Ihre Textmarken auf. Klicken Sie auf die, die Sie einfügen möchten. Bei *Verweisen auf* wählen Sie *Seitenzahl*.

Nun fügen Sie den Verweis auf die Seitenzahl der Textmarke durch Klick auf *Einfügen* in Ihr Dokument ein.

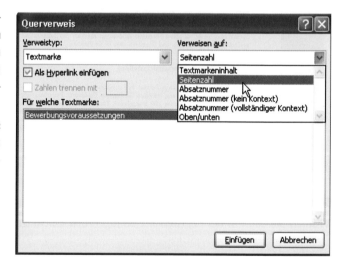

Hinweis

Word gibt Ihnen immer die richtige Seitennummer

Word wird Ihnen nun an dieser Stelle immer die richtige Seitennummer der Textmarke geben, gleichgültig wie viel Text Ihr gesamtes Dokument umfasst. Diese Querverweise werden aber nicht ständig aktualisiert, d. h., es kann sein, dass Word Ihnen noch eine alte Seitennummer zeigt, obwohl Sie weitere Seiten hinzugefügt haben. Wenn Sie alle Querverweise aktualisieren wollen, markieren Sie den ganzen Text und drücken die Taste F9.

19

So erstellen Sie Ihre eigenen Visitenkarten

Eine private Visitenkarte erstellen

Mit Word private Visitenkarten zu erstellen, ist recht einfach. Und wenn Sie einen anständigen Drucker und schöne Visitenkartenvordrucke haben, sieht das Ganze auch sehr gut aus.

Visitenkarten in Word sind eigentlich nichts anderes als Tabellen.

Schritt 1

Klicken Sie auf die Registerkarte *Sendungen* und wählen Sie dort den Befehl *Umschläge*.

Schritt 2

Sie erhalten nun das Fenster *Umschläge und Etiketten*.

Wählen Sie hier zunächst die Registerkarte *Etiketten*. Nun müssen Sie auswählen, welche Etiketten Sie haben, deshalb klicken Sie auf *Optionen*.

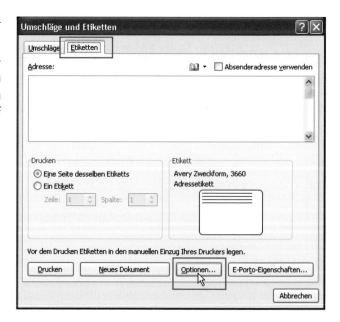

Hinweis

Welche Etiketten soll ich für Visitenkarten nehmen?

Es gibt im Bürohandel eine schier unübersehbare Vielfalt an Visitenkarten. Weiße, farbige, Karten mit einem Bildmotiv als Hintergrund und, und, und. Wichtiger ist aber, wie die Visitenkarten herausgelöst werden müssen. Da gibt es Karten mit einem Perforationsrand und Karten, die in der sogenannten 3C-Technologie vorgeschnitten sind.

Schritt 3

Nun klicken Sie zunächst das Dreieck bei *Etikettenhersteller* an und wählen Ihren Hersteller aus. Ich nehme als Beispiel Etiketten der Firma Sigel.

Wählen Sie nun die Etikettennummer des Herstellers.

Glossar

Was ist 3C-Technologie?

Das ist eine Schnitttechnik für Visitenkarten. Auf einem DIN-A4-Karton gibt es ca. zehn Visitenkarten. Diese Kärtchen mussen nach dem Ausdrucken naturlich voreinander getrennt werden. Die 3C-Technologie ermöglicht Ihnen das Herauslösen der Karten ohne einen Perforationsrand. Visitenkarten mit 3C-Technologie sind zwar etwas teurer als die einfachen mit Perforationsrand, sehen dafür aber wesentlich professioneller aus.

Sollte Ihr Hersteller in dem Auswahlmenü nicht aufgeführt sein, klicken Sie auf *Neues Etikett*.

Hier können Sie Ihr Etikett nun selbst ausmessen. Ich glaube, dieses Menü ist wirklich selbstredend und bedarf keiner weiteren Erläuterung.

Vergeben Sie zum Schluss für Ihr Etikett einen eigenen Namen, sodass Sie es später auch aus dem Aufklappmenü heraussuchen können und nicht erneut ausmessen müssen.

Sind Sie damit fertig, bestätigen Sie Ihr neues Etikett mit *OK*. Bestätigen Sie auch das Fenster *Etiketten einrichten* mit *OK*.

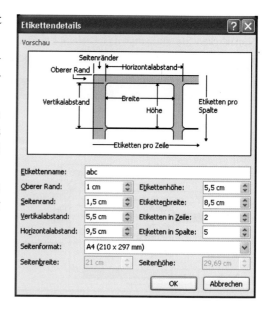

Schritt 4

Sie sind nun wieder im Fenster *Umschläge und Etiketten*. Hier füllen Sie nun den Adressbereich mit den Angaben aus, die Sie auf Ihrer Visitenkarte stehen haben möchten.

Schritt 5

Klicken Sie anschließend auf *Neues Dokument*.

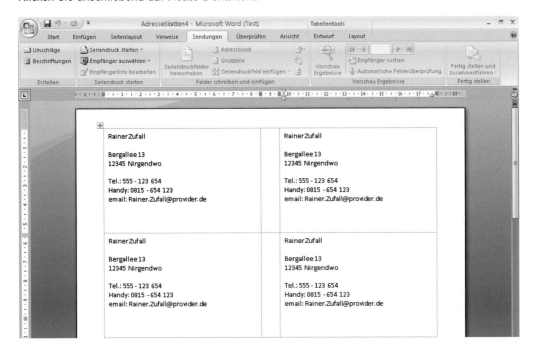

Word hat Ihnen nun eine Tabelle mit Ihren Angaben als Inhalt erstellt.

Diese Tabelle können Sie jetzt noch nach Belieben bearbeiten. Sie sollten nur daran denken, dass Sie jede Zelle bearbeiten müssen.

Aber, keine Angst, Sie bearbeiten nur die erste Zelle und werden diese dann kopieren. Im nächsten Abschnitt zeige ich Ihnen, wie das geht.

Bemerkung

Visitenkarten für den geschäftlichen Alltag

Visitenkarten, mit Word erstellt, sehen schon wirklich gut aus. Besonders wenn sie auf einem Laserdrucker ausgedruckt werden und Sie Karten mit der 3C Technologie verwenden. Für den privaten Bereich ist das die preisgünstigste Lösung. Sollten Sie Ihre Visitenkarten aber für den geschäftlichen Alltag nutzen wollen, empfehle ich doch den Gang in eine gute Druckerei.

Wie kann ich die Tabelle der Visitenkarten verändern?

Schritt 1

Nehmen wir an, Sie möchten Ihren Namen etwas größer, kursiv und in einer anderen Schrift setzen. Kein Problem. Markieren Sie Ihren Namen und formatieren Sie ihn wie gewohnt. Fügen Sie oberhalb des ersten Namens noch eine Leerzeile mit ⌨Umschalt+⌨Enter ein.

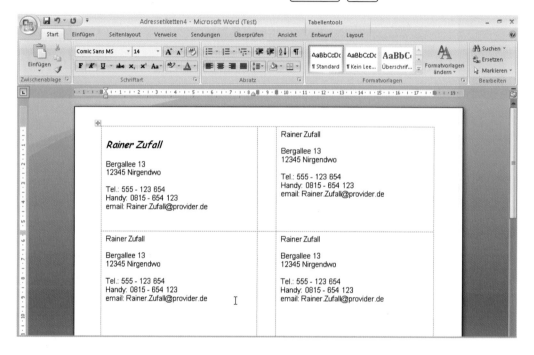

Schritt 2

Formatieren Sie alles andere auch zunächst einmal nur in dieser Zelle.

Tipp

Erst alles fertig machen und dann kopieren

Ändern Sie erst alles, was Sie ändern möchten. Und ändern Sie alles zunächst nur in dieser einen Zelle. Erst wenn alles fertig ist, Sie also mit dem Ergebnis zufrieden sind, kopieren Sie.

Schritt 3

Nun müssen Sie diese Zelle in die anderen Zellen kopieren. Dazu markieren Sie die Zelle, die kopiert werden soll.

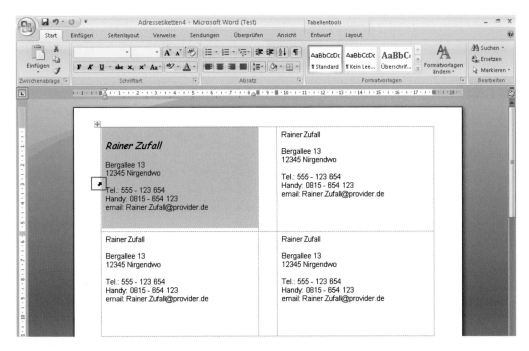

Klicken Sie aber erst, wenn Ihr Mauszeiger zu dem schwarzen Pfeil in der Abbildung geworden ist. Passen Sie auf, dass nur eine Zelle markiert wurde.

Schritt 4

Nun drücken Sie die Tastenkombination [Strg]+[C]. Damit kopieren Sie das Markierte in die Zwischenablage.

Schritt 5

Nun drücken Sie zweimal die [Tab]-Taste auf Ihrer Tastatur. Damit springen Sie in die Zelle daneben.

Hinweis

Warum zweimal die [Tab]-Taste drücken?

Nun, wenn Sie mit anderen Etiketten arbeiten, kann es sein, dass Sie auch nur einmal die [Tab]-Taste drücken müssen. Da müssen Sie halt sehen, wie Ihre Etiketten aufgebaut sind. Auf jeden Fall müssen Sie die [Tab]-Taste so oft drücken, bis Sie in der nächsten Zelle mit Inhalt stehen.

Schritt 6

Hier drücken Sie nun die Tastenkombination [Strg]+[V]. Damit fügen Sie den Inhalt der Zwischenablage in diese Zelle ein.

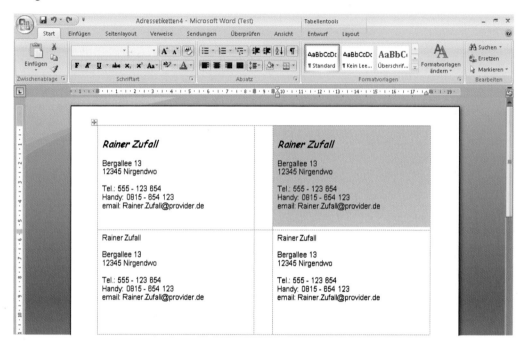

Schritt 7

Gehen Sie nun mit der [Tab]-Taste in die nächste Zelle und fügen Sie mit [Strg]+[V] erneut ein. So machen Sie weiter, bis Sie an der letzten Zelle angekommen sind.

Achtung

Wenn Sie zu weit gegangen sind

Wenn Sie in der letzten Zelle der letzten Zeile erneut die [Tab]-Taste gedrückt haben, dann hat Word eine weitere Zeile angefügt und eine neue Seite geöffnet. Das ist aber unerwünscht. Sollte Ihnen das passiert sein, markieren Sie diese letzte Zeile und entfernen Sie sie durch Klick auf die Schere in der Registerkarte *Start*.

Wie können Sie Ihr Bild in die Visitenkarte einfügen?

Schritt 1

Setzen Sie die Einfügemarke irgendwo in die erste Zelle Ihrer Visitenkartentabelle.

Klicken Sie dann in der Registerkarte *Einfügen* auf den Befehl *Grafik*.

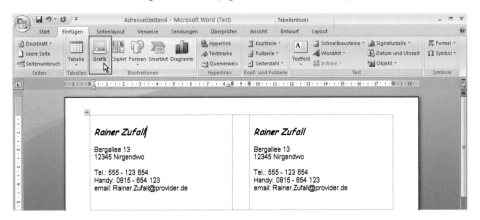

Schritt 2

Gehen Sie nun in den Ordner, in dem sich Ihr Bild befindet.

Wählen Sie es aus und bestätigen Sie die Auswahl durch Klick auf *Einfügen*.

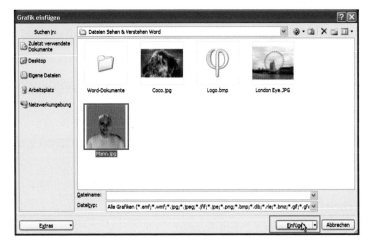

Tipp

Hintergrundbild in Visitenkarten

Wir schauen uns hier nur an, wie Sie Ihr Passfoto für die Visitenkarten benutzen können. Natürlich können Sie damit auch für jede Zelle ein ganzes Hintergrundbild einfügen. Das funktioniert genauso, wie wir es auf Seite 120 besprochen haben.

Schritt 3

Word fügt das Bild nun an der Stelle ein, an der die Einfügemarke stand.

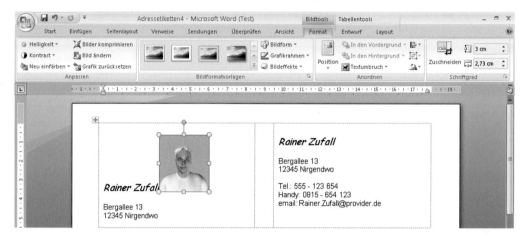

Verkleinern Sie das Bild gegebenenfalls so, wie es im Kapitel über das Einfügen von Bildern in Texten auf Seite 120 besprochen wurde.

Schritt 4

Nun müssen Sie vielleicht das Bild noch an eine bessere Position schieben. Klicken Sie dazu mit der rechten Maustaste auf das Bild und wählen Sie *Textumbruch*.

Schritt 5

Wählen Sie nun den Befehl *Passend*.

Hinweis

Bilder in Visitenkarten

Es gibt heute sehr viele Visitenkarten, bei denen schon farbige Hintergründe vorhanden sind. Wenn Sie aber Bilder in Visitenkarten integrieren möchten, sollten Sie neutrale weiße Karten nehmen. Keinesfalls sollten Sie Karten nehmen, die einen dunklen Hintergrund oder selbst schon Strukturen haben.

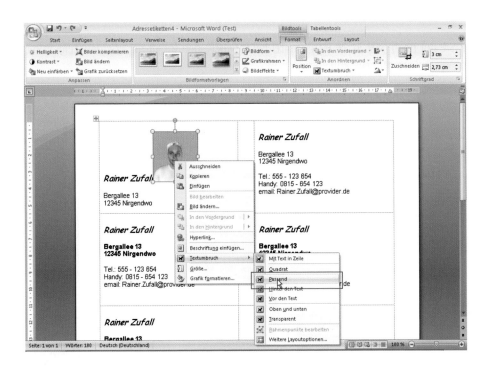

Schritt 6

Als Letztes schieben Sie das Bild an die Stelle, an der Sie es haben wollen.

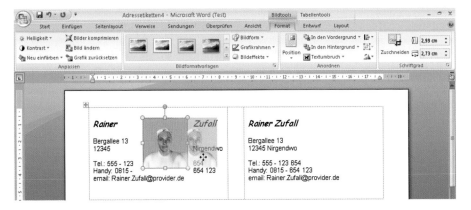

Tipp

Spielen Sie mit den Möglichkeiten von Textumbruch

Das Fenster für den Textumbruch bietet ein paar ganz nette Möglichkeiten. Spielen Sie einfach mal etwas damit.

Schritt 7

Nun müssen Sie nur noch, wie im letzten Kapitel beschrieben, den Inhalt dieser einen Zelle in die anderen Ihrer Visitenkartentabelle kopieren.

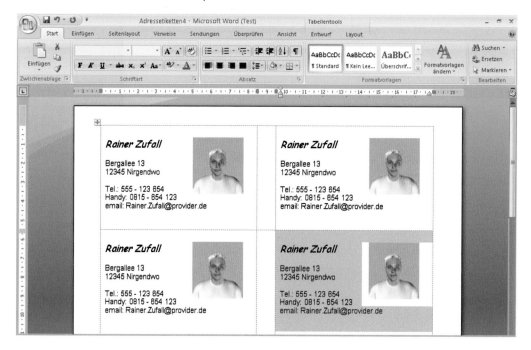

Schritt 8

Der letzte Schritt ist nun noch das Drucken. Aber das funktioniert so, als würden Sie eine normale Tabelle ausdrucken. Denken Sie aber vor dem Drucken daran, Ihre Visitenkartenetiketten richtig in Ihren Drucker einzulegen.

Hinweis

Wie legt man Etiketten richtig in den Drucker ein?

Leider kann man da nichts Allgemeines sagen, denn jeder Drucker möchte das Papier anders eingelegt bekommen. Einige Drucker wollen die bedruckbare Seite nach oben, andere wollen sie nach unten haben. Deshalb müssen Sie in Ihrem Druckerhandbuch nachschauen. Oder Sie probieren es einfach mal aus.

Anhang

Die wichtigen Tastenkombinationen in Word

Arbeit mit Dokumenten

Strg+N	Neues Dokument erstellen
Strg+O	Dokument öffnen
Strg+W	Dokument schließen
Strg+S	Dokument speichern
Strg+F	Nach Text, Formatierung und Sonderzeichen suchen
Alt+Strg+Y	Weitersuchen
Strg+H	Text, Formatierung und Sonderzeichen ersetzen
Strg+G	Zu einer Seite, Textmarke, Fußnote, Tabelle, einem Kommentar, einer Grafik oder einer anderen Stelle im Dokument wechseln
Alt+Strg+Z	Zu einer Seite, Textmarke, Fußnote, Tabelle, einem Kommentar, einer Grafik oder einer anderen Stelle im Dokument zurückkehren
Esc	Aktion abbrechen
Strg+Z	Aktion rückgängig machen
Strg+Y	Aktion wiederherstellen oder wiederholen
Alt+Strg+L	Wechseln zur Layoutansicht
Strg+Enter	Seitenwechsel

Formatieren von Zeichen und Absätzen

Strg+Umschalt+A	Zeichenformatierung ändern
Strg+Umschalt+G	Buchstaben als Großbuchstaben formatieren
Strg+Umschalt+F	Text fett formatieren
Strg+Umschalt+U	Text unterstreichen
Strg+Umschalt+W	Lediglich Wörter (keine Leerzeichen) unterstreichen
Strg+Umschalt+D	Text doppelt unterstreichen

Strg+Umschalt+H	Text verborgen formatieren
Strg+Umschalt+K	Text kursiv formatieren
Strg+Umschalt+Q	Buchstaben in Kapitälchen formatieren
Strg+#	Tiefgestellt-Formatierung zuweisen (automatischer Abstand)
Strg+Umschalt++	Hochgestellt-Formatierung zuweisen (automatischer Abstand)
Strg+Leertaste	Manuelles Zeichenformat entfernen
Strg+Umschalt+B	Dem markierten Text die Symbol-Schriftart zuweisen
Strg+Umschalt+* (Asterisk)	Nicht druckbare Zeichen anzeigen
Strg+Umschalt+C	Formate kopieren
Strg+Umschalt+V	Formate einfügen

Gewünschter Zeilenabstand

Strg+1	Einfacher Zeilenabstand
Strg+2	Doppelter Zeilenabstand
Strg+5	1,5facher Zeilenabstand
Strg+0 (Null)	Zeile vor einem Absatz hinzufügen oder entfernen
Strg+B	Absatz im Blocksatz ausrichten
Strg+L	Absatz linksbündig ausrichten
Strg+R	Absatz rechtsbündig ausrichten
Strg+M	Absatz von links einziehen
Strg+Umschalt+M	Absatzeinzug von links entfernen
Strg+T	Hängenden Einzug erstellen
Strg+Umschalt+T	Hängenden Einzug verkleinern
Strg+Q	Absatzformatierung entfernen
Strg+Umschalt+S	Formatvorlage zuweisen
Strg+J	AutoFormat starten
Strg+Umschalt+N	Formatvorlage Standard zuweisen

Alt + 1	Überschrift-Formatvorlage Überschrift 1 zuweisen
Alt + 2	Überschrift-Formatvorlage Überschrift 2 zuweisen
Alt + 3	Überschrift-Formatvorlage Überschrift 3 zuweisen
Strg + Umschalt + L	Formatvorlage Liste zuweisen

Kopieren und Verschieben von Text und Grafiken

Strg + C	Text oder Grafiken kopieren
Alt + F3	AutoText erstellen
Strg + V	Inhalt der Zwischenablage einfügen
Umschalt + Enter	Zeilenwechsel
Strg + Umschalt + Enter	Spaltenwechsel
Strg + -	Bedingter Bindestrich
Strg + Umschalt + -	Geschützter Bindestrich
Strg + Umschalt + Leertaste	Geschütztes Leerzeichen
Alt + Strg + C	Copyright-Symbol
Alt + Strg + R	Symbol für eingetragene Marke
Alt + Strg + T	Markensymbol

Bearbeiten von Texten

Rück	Zeichen links neben der Einfügemarke löschen
Strg + Rück	Wort links neben der Einfügemarke löschen
Entf	Zeichen rechts neben der Einfügemarke löschen
Strg + Entf	Wort rechts neben der Einfügemarke löschen
Strg + X	Markierten Text in die Zwischenablage verschieben
Strg + Z	Letzte Aktion rückgängig machen

Stichwortverzeichnis